ESTAMPES

ÉCOLE ANGLAISE

PORTRAITS DE FEMMES CÉLÈBRES

RELIGIEUSES, FONDATRICES D'ORDRES

TRÈS-BELLES ÉPREUVES

VENTE

Les 10, 11 et 12 Décembre 1868

EXPOSITION PUBLIQUE

Le Mercredi 9 Décembre 1868

Mᵉ DELBERGUE-CORMONT
Commissaire-Priseur.

M. VIGNÈRES
Mᵈ d'Estampes.

(264e) PARIS — 1868

264. Roth

CLERGÉ CONTEMPORAIN
PETITS PORTRAITS GRAVÉS A CLAIRE-VOIE
PETIT PAPIER, A 50 CENTIMES CHAQUE

Le Solitaire.
Affre.
Allignol (Aug.-Vital).
Allignol (Charles Régis).
Annat.
Arnaldi.
d'Astros, archevêque de Toulouse.
Baronnat.
Bautain.
Belmas.
De Bervanger.
Blanquart de Bailleul.
De Bonald.
De Boulogne.
Bourel.
Bouvier.
Boyer.
Brumaud de Beauregard.
De Chamon.
Chartrousse.
Chatel.
Chatenay.
De Cheverus.
Clausel de Montals.
Cœur.
Collin.
Combalot.
Coquereau.
Croï (prince de), cardinal.
Darcimoles, évêque du Puy.
Débelay.
Deguerry.
Demeuré.
Deperry.
Desgarets.
Devie.
Donnet, archevêque de Bordeaux.
Droste-Vischering, év. de Cologne.
Dufetre.
Dupanloup.
Dupont, cardinal.
Dupont-des-Loges.
Emery.
Fayet.
De Feletz.
Fesch, cardinal.
De Forbin-Janson.
Frasey, curé.
Frayssinous.
De Genoude.

George.
De Geramb.
Gousset.
Graveran.
Grégoire.
Grégoire XVI.
Grivel, aumônier de la Ch. des Pairs.
Guillon, évêque de Maroc.
Le Guillou.
Hohenlohe (le prince).
Lacordaire.
De La Mennais.
Laroque.
De La Tour-d'Auvergne.
Lemaire.
Letourneur.
Liautard.
Lyonnet.
Madrolle.
Magnin.
Mai, cardinal.
Manglard.
De Mazenod, évêque de Marseille.
Merault.
Migne.
Moignot.
Morlot, archevêque de Tours.
Naudo.
Olivier.
Pacca, cardinal.
Paravey.
Parisis.
Pelier de la Croix.
Perboyre.
Picot.
Pie IX.
Prompsault.
De Quélen.
Raillon.
De Ravignan.
Rey.
Robin.
Rœss.
De Rolleau, curé de N.-D. de Lorette.
De Sausin.
C. de Schmid.
L'abbé Siéyès.
Souquet de Latour.
Thibault.
De Veyssière.

Renou et Maulde, imprimeurs de la Compagnie des Commissaires-Priseurs,
rue de Rivoli 144.   18656

CATALOGUE

D'UNE COLLECTION DE BELLES

ESTAMPES

de l'École Anglaise

A LA MANIÈRE NOIRE ET AU BURIN

PORTRAITS

DE

FEMMES CÉLÈBRES

SUPERBE RÉUNION DE

Religieuses, Fondatrices d'Ordres

et autres Personnages célèbres en très-belles épreuves

DONT LA VENTE AURA LIEU

HOTEL DES COMMISSAIRES-PRISEURS, RUE DROUOT

Salle n° 7, au premier étage,

Les Jeudi 10, Vendredi 11 et Samedi 12 Décembre 1868

A UNE HEURE PRÉCISE

Me DELBERGUE-CORMONT, Commissaire-Priseur,
rue de Provence, 8,

Assisté de **M. VIGNÈRES**, Marchand d'Estampes,
rue de la Monnaie, 13, à l'entresol; entrée rue Baillet, 1,
CHEZ LEQUEL SE DISTRIBUE LE CATALOGUE.

EXPOSITION PUBLIQUE

Le Mercredi 9 Novembre 1868, de 1 heure à 4 heures.

PARIS — 1868

ORDRE DES VACATIONS

CONDITIONS DE LA VENTE

Au comptant.

Cinq pour cent en plus des enchères, applicables aux frais.

M. VIGNÈRES, dirigeant la Vente, se charge des Commissions.

Nota. Toute commission, sans prix fixé ou sans limite déterminée, sera regardée comme nulle.

M. Vignères se charge de faire marquer les prix aux Catalogues des Ventes qu'il a faites. Les personnes qui le désirent peuvent s'adresser à lui *franco*.

Plusieurs Amateurs éloignés en ont reconnu l'utilité pour les guider dans leurs achats sur les valeurs des Estampes.

Les Catalogues des Ventes à faire seront envoyés aux personnes qui en feront la demande *affranchie*.

Avis. — Nous prions MM. les Amateurs éloignés de ne pas attendre au dernier jour, pour que les lettres arrivent le matin de la vente ; ils comprendront que quelques lettres peuvent se lire, mais de 20 à 50 lettres, c'est difficile.

2983 25

Affiches et afficheur 75 Colonne 32	35	
Moniteur des Ventes	17	40
Déclaration 2f. Timbre 7.50	9	50
Enregistrement	71	30
Bourse Commune	94	20
Honoraires de Mr Delbergue	94	20
Clerc et Crieur	36	
Location de la Salle	108	15
Catalogue	299	
Commissionnaire 4 jours	20	
Gratification	31	
aff. et Distribution des Catalogues	46	75
Moniteur Universel	20	
14 Mains chemises	17	50
Transport à l'Hôtel	2	50
Honoraires	156	60
	1059	10
Déduire 5 % des acquéreurs	149	15	909 95
			2073 30

Grayson 2

Michel 6

DÉSIGNATION

ÉCOLE ANGLAISE

1 **Ardell** (Marc). Duquesnoy dit Flamand, sculp-
teur. — Autre, d'ap. *Van Dick*. — J. F. Ernels,
par *Preisler*. 3 p. petit in-fol. Superbes ép.

2 **Baillie**. L'Ouvrière en dentelles, d'ap. *G. Dow*.
— La Musique à la fin du repas, d'ap. *Molenaer*,
2 p. Très-belles ép.

3 **Bartolozzi**. Son portrait, in-fol., par BOUILLARD.
Superbe ép. avant la lettre, toute marge.

4 — Son Portrait, petit in-fol., par MARCUARD, d'ap.
Reynolds, ovale sanguine.

5 — The Fair Alsacien, jolie fille ; Dame grecque
jouant du tambour de basque. 2 p. sanguine.

6 — Bacchante, Léda. 2 sujets gracieux, in-fol.

7 — Muse, avant et avec la lettre ; Musique, Admi-
ration, Beauté de Saint-Gilles, etc. 6 p. sanguine
et couleur.

8 — Jupiter et Io, d'ap. CORREGE ; Persée, Narcisse,
Colin-Maillard, Enfant dormant, etc. 4 p.

9 — Cérès, Flore, Pomone, la Beauté regardant
dans le miroir de la Prudence. 4 p. rondes ;
in-fol. Très-belles ép. bistre.

10 **Beckett**. Chirurgien pansant la jambe d'un paysan, d'ap. LINGELBARY, manière noire, petit in-fol.

11 **Boydell**. Regnier Hansloe, ministre anabaptiste, et sa femme d'ap. REMBRANDT.

12 **Brugen** (J. V.). La Courtisane. — Joueurs de cartes, d'ap. TÉNIERS. 2 p. manière noire.

13 — et autres. Arracheurs de dents, 3 compositions différentes. Médecin des urines, Buveur de TÉNIERS. 5 p. in-4.

14 **Byrne**. Apollon chez Admet, d'ap. LAURI. Superbe ép.

15 **Dawe**. Etude nocturne, manière noire : jolie Chambrière; bel effet de lumière.

16 **De Launey**. Réception de Charles II à Douvres. — Cromwel dissolvant le Parlement. 2 p. d'ap. B. WEST. Superbes ép., marge.

17 **Dietricy** (d'ap.). Les Musiciens ambulants, manière noire.

18 **Earlom**. Les Chanteurs, d'ap. HEMSKERK.

19 — Bacchanale, d'ap. RUBENS.

20 — Le Maître de chant, d'ap. SCHALKEN ; effet de lumière.

21 **Faber**. Ch. Fr. Zincka, peintre en émail, et sa femme. Belle manière noire, in-fol. en travers.

22 **Gole**. D'ap. DUSART. La Drôlesse contente. — C'est tout son cœur, le beau Désir, Danseurs. 4 p.

23 — Les Sens, 5 p. d'ap. DUSART; in-4. Très-belles ép.

24 **Haid**. Bustes de femmes. 4 p. in-4.

Munaret 5   Ditchf. 4.   Grosj. 1.25

Grosj. 2

Grosj. 5

Martineau 8   Grosj 3.

Grosjn 2 . 2.5

Groszen 1

Groszen 2

Matthäi 3

Groszen 3 50

Ditch 6. Memoren 10

25 — Saint Ambroise, saint Grégoire, Job et ses amis, la Charité romaine. 5 p.

26 **Haid**, etc. Scènes de buveurs et autres. 7 p.

27 **Hodges**. Marchande de poissons. Belle manière noire, d'ap. METZU.

28 **Houston**. The Miser (l'avare). — The Jovial fellow — A Quaker. 3 p. petit in-fol.

29 **Keating**. Filial pietry, Cimon nourrit par sa fille, d'ap. JORDAENS.

30 **Kilian**. L'Eau, le Printemps, l'Été, l'Automne, le Gourmand. 5 p. manière noire.

31 **Le Nain** (d'ap.). Garçon et jeune Fille. Superbe manière noire, ayant toute lettre.

32 **Meheux** (J.). La Vieille à la chandelle, d'ap. RUBENS.

33 **Mercier** (d'ap. Ph.). L'Amour sous les traits de Bacchus, Bacchus sous les traits de l'Amour. 2 jolies p. manière noire, par FABER.

34 — Jeux d'enfants avec un chien, etc. 2 jolies p. par FABER.

35 — Damon et Sylvia, Lisimond et Chloris. — Scène de l'officier recruteur. — Scène de chaleur. 3 jolies pièces par FABER, in-fol. en travers.

36 **Mieris** (d'ap.). Der Arzt (le Médecin). Belle manière noire, par LEMMIT.

37 **Murphy**. Résurrection du Christ, d'ap. RAMBERG.

38 **Porporati**. Pàris et OEnone, d'ap. VANDER WERF. Ep. avant la lettre, manière noire.

39 Rembrandt (d'ap.). Son portrait, son Ami, l'Homme au couteau, le Rabbin juif. 4 p. petit in-fol.

40 **Reynolds** (d'ap. J.). The Fortune teller (la Diseuse de bonne aventure), par Shervin. Très-belle ép.

41 **Sayer**. Joseph et John Gulston, enfants.

42 **Schenck**. Le Marchand de lunettes, Saint Bernard, le Paillasse, Buveurs. 4 p.

43 — Sujets sur la mort. 3 p. curieuses, in-4.

44 **Simon**. Le Songe d'une nuit d'été, d'ap. Peters.

45 **Smith** (Jean). Son portrait tenant celui de Kneller. — Godefroy Kneller. — Pierre Lely. 3 portraits, petit in-fol. Très-belles ép.

46 — Ab. Hondius. — God. Schalcken. — G. Wissing. 3 portraits petit in-fol. Très-belles ép.

47 — M. Grevil Verney. — Richard Thompson — O rare show. 3 p. petit in-fol. Très-belles ép.

48 — Départ pour la chasse, d'ap. Th. Wyck.

49 — Le Meeting des Quakers, la Bohémienne, Diane et Acteon, Sémiramis, etc. 6 p.

50 **Smith** (J. R.). Lear and Cordelia. Superbe ép.

51 — Visite à la grand'mère. — Lady et enfants secourant des pauvres. 2 p. manière noire.

52 **Strange**. La Fortune, d'ap. Guido Reni. Superbe ép.

53 — Vénus et Adonis. Superbe ép., le titre coupé.

54 **Townley**. A. Carrache, Louis Carrache, Dominiquin, Léonard de Vinci, Rubens 5 portraits. in-fol. d'ap. eux-mêmes, manière noire. Superbes ép.

Grosjean   2   25

Grosjean   1   75   Hennot   1. 50

Vesmes 5

Martinen 5

Grosper 1 25

Michel

55 **Vaillant** (V.). La Femme et ses Enfants, dont
un emmailloté. — Scène bachique de Paysans
et autres, 3 p. petit in-fol. Très-belles ép.

56 — Jeune Garçon étudiant, effet de lumière, et
autres. 6 p.

57 **Valck** ex. Trompette remettant un billet à une
dame d'ap. TERBURG.

58 **Ward**. The Misers (les Avares), d'ap. QUENTIN
MATSIS. — The Widow's tale d'ap. SMITH. — La
Visite à la nourrice, d'ap. MORELAND.

59 **Verkolie**. Scène d'intérieur de Musicos : on
prend la bourse à l'Enfant prodigue.

60 — Jupiter sous la forme de Diane et Calisto. —
Pan et Syrinx. 2 sujets Amours des dieux.

61 **Young**. Credulous innocence, d'ap. MORELAND
(la Bohémienne).

62 **École Flamande**. Psyché, tenant la lampe,
regarde l'Amour dormant. Manière noire avant
toute lettre.

63 — Marchande offrant une volaille à une ouvrière en dentelles. — Paysage marine. 2 p. manière noire.

64 **Artistes** Peintres. Agricola, Graff, Kilian,
Preisler, etc. 8 p. in-fol. par HAID, VOGEL, etc.

––––––

ÉCOLE ANGLAISE

PORTRAITS DE FEMMES ET COMPOSITIONS

65 **École Anglaise**. Jolis portraits in-fol. de
Dames anglaises, dont 1 colorié. 3 p.

66 — Manière noire, Charlotte, princesse de Galles.
— Marie d'Angleterre. — Caroline, reine d'Angleterre. 3 p. petit in-fol.

67 — Mrs Priscilla Cooper. — Lady Essex Finch.
— Lady Harriot Grosvenor. — Miss Flora Macdonald. 4 p. petit in-fol.

68 — Miss Hone. — Ann Parr. — Nancy Parsons.
— M° Osorio, de Villasco. 4 p. petit in-fol.

69 — Lady Aug. Campbell. — Helena Forman.
2 p. in-4, en couleur. — Mrs Grosvenor. — Nell
Gwine. 4 p. Belles ép.

70 — Ariadne, Sigismonde et autres. 5 p. petit
in-fol.

71 — Jolie femme tenant son chien, et autres jeunes femmes. 5 p. petit in-fol.

72 — Dame pinçant de la guitare, et autres jolies
femmes. 5 p. petit in-fol.

73 — La Flore moderne, et autres jolies femmes
avec des fleurs. 5 p. petit in-fol.

74 — Euphrosine, l'Automne et autres jolies
femmes. 5 p.

75 — Belinda, comtesse de Coventry ; Miss Louisa
Williams et autres femmes gracieuses. 5 p. petit
in-fol.

76 — The beauty unmask'd, May. Novembre et autres. 4 jolis portraits, petit in-fol.,

77 — Manière noire, Scènes et costumes de femme
au XVIIIᵉ siècle — The Fare-Well. — L'agréable
Surprise. — Grief. — Le Billet doux. — Kew
gardens. — Little Gipsey and Pretty Umbrella.
6 p. petit in-fol. Superbes ép.

Michel.

Lauren G
Forman

Grosj'm 3·2.5

Groschen 3.50 —

Groschen 3.75 —

Groschen 2 25 —

Groschen 2,75 —

78 — Persuasion.— Résolution. — Conclusion. —
The Positive argument. — La Voleuse de den-
telles. — The females Florist's. 6 p. petit in-fol.
Très-belles ép.

79 — Hyde-Park, S. James Park, Kensington gardens, The Storm, a Tent Scene at Cox-Heath, le
départ de Madelon et la Gloire. 6 p. Scènes
d'amants, petit in-fol. Très-belles ép.

80 — Retirement, The Friends, The Promenade,
The Tea gardens, The nutting Villager. 6 p.
petit in-fol. Jolis costumes.

81 — Berger et bergère, Scènes d'amants, Diseuses
de bonne aventure, etc. 6 p. petit in-fol. Très-
belles ép.

82 — Scène d'enfants, Mère et enfant, la Laitière
et autres jolies Femmes, par *Haid, Preisler, Vogel.*
12 p.

83 — The Refusal. — The rival Milleners. — Le
Sergent allemand ou crue. — Old Weat Sheaf
in the trap of Venus and Bacchus. 4 p. petit in-
fol. Sujets amusants.

84 — Trois Enfants jouant avec une colombe. —
Vieillard antiquaire. 2 très-belles p. manière
noire.

85 — Docks et autres sujets de naufragés. 2 p.
grand in-fol.

86 — The owl face. — Love and Wine. — The
amorous Hollander. — A Flemish entertain-
ment, etc. 6 p. petit in-fol.

87 -- The Misers, d'ap. *Metsis*; Gripe the Usurer,
le Musicien, le Buveur, The Smoaker et autres.
7 p. petit in-fol. Très-belles ép.

88 — La Toilette, Angelina, Pomona, et autres
jolies Femmes. 6 p. in-4.

89 — Sujets drolatiques, amusants; Buveurs et
Buveuses, etc. 6 p. in-4.

90 — Comtesse de Stamford, l'Indolence, Chasseur
colorié et autres. 8 p.

PORTRAITS DE FEMMES

PAR LES PLUS CÉLÈBRES GRAVEURS

91 **Ardell** (J. Mac). Lady Boyd, Kintosh, Middle-
ton, Miss Fanny Murray. 4 jolis portraits, petit
in-fol.

92 — Mistress Pritchard, Griselda comtesse Stanhope et autres. 4 jolis portraits, petit in-fol.

93 **Aubert**. Marie-Josèphe de Saxe, Dauphine de
France, petit in-fol. d'ap. *de la Tour*. Superbe
ép., marge.

94 **Audran** (B.). Retour de chasse, d'ap. *Watteau*.
C'est le portrait de madame de Verthamont née
Quatresols, nièce de M. de Julienne, in-fol.
Superbe ép., marge.

95 **Avril** 1788. Le Printemps, d'ap. *Carle Maratte*.
Dame et sa Fille, avant la lettre.

96 — La Même avec la lettre. Très-belle ép.

- Groschen 3 75

-

- Groschen 3 75

Vien 10

Vien 8   Michel 5

Michel. 5

Veyder 2 50

Hedou 5

M. 6

97 **Balechou**. Anne-Charlotte Gauthier de Loise-
rolle, femme d'*Aved*. Superbe ép. in-fol., grande
marge.

98 — La Dame au rouet. sœur de Madame Aved.
Superbe ép. in-fol., grande marge.

99 **Baron**. La Princesse Augusta de Galles, en
pied, d'ap. *Vanloo*. Superbe ép. in-fol.

100 **Bartolozzi**. Signora Allegranti, Miss Price.
2 p. en couleur, grand in-8. Lady Cath. Beau-
clerk, petit in-fol. ovale, sanguine. 3 p.

101 — D'ap. Holbein, différents portraits de Ladies,
imp. en couleur fac-simile de dessins. 14 p. du
grand in-4 à l'in-fol.

102 **Beauvarlet**. Le comte d'Artois enfant et Madame sur une chèvre, d'ap. *Drouais*. In-fol.

103 **Bertonnier**. Anne de Gonzague, — Marie-
Antoinette, — Marie Thérèse. 3 p. in-8.

104 **Bocquet**. Miss Brook, Lady Denham, Mrs Hu-
ghes, Mary Kirk, comtesse of Shrewsbury. 4 p.
grand in-8, en couleur.

105 **Calamatta**. Femme de profil, d'ap. *P. della
Francesca*, avant la lettre, in-4.

106 **Campion**, 1773. Tête de femme de profil, médaillon, in-4. Rare.

107 **Cheesman**. Miss Bloomfield. — Miss Waddy.
2 charmants portraits à mi-corps, petit in-fol.,
en couleur.

108 **Chereau**. E.-S. Cheron, femme le Hay, in-fol.,
d'ap. elle même. Superbe ép., marge.

109 — Com'esse de Sabran, d'ap. *Vanloo*, tenant un oiseau le bras appuyé sur un coussin. Superbe ép. in-fol., grande marge.

110 **Collyer**. Miss Farren. Ovale, in-4, en couleur. Très-belle ép. Rare.

111 **Condé** (J.). Mistress Bouverie. — Mrs Tickell. 2 charmants portraits en pied, petit in-fol., en couleur.

112 **Cooper**. Mrs Russel Manners, en pied. Charmant portrait, petit in-fol. Superbe ép. *Proof*, marge.

113 — Lucie comtesse de Bedfort, d'ap. la miniature par *N. Hilliard*, chez le marquis de Buckingham. In-4, rond en couleur.

114 — Mlle Noblet en pied. — Mrs Wybrow. 2 p. in-4, en couleur.

115 **Corbutt**. Miss Eyebright, Hunter, lady Georges Lenox, Miss Trimmer, et autres. 5 p. jolis portraits, petit in-fol. Très-belles ép.

116 **Cousins** (Samuel). Maternal affection d'ap. *Lawrence*. In-fol. Coloriée, superbe.

117 **Daullé**. Marg. de Valois, comtesse de Caylus, d'ap. *Rigault*, in fol. Très-belle ép.

118 **Dawe**. Spring d'ap. Rosalba, Ladys Maid Soaping Linnen, d'ap. *Morland*. 2 p. in-fol.

119 **Dean**. Le jeu de Cartes : deux jeunes dames et jeune garçon ; Dame lisant, avant la lettre. 2 belles pièces in-fol.

120 **Delvaux**. Jeanne d'Arc. — Madame du Châtelet. 2 p. in-8. Superbes ép. Toute marge, in-4.

Garten 4

Litteratur 6.

Visum 10 —

Prospecte 2 25

Michel 13

Michel. 6

Michel 5

Demonet   Michel. 50

Michel le   Hedon 5

Hedon 5

Michel. 7   Martinen 5   Hedon 5

121 **Desplaces**. Mlle Duclos, actrice, in-fol., d'ap. de *Largillierre*. Superbe ép., marge.

122 **Dickinson**. Comtesse of Sefton, en pied, d'ap. *Cosway*. Superbe ép., avant la lettre. Charmant portrait en couleur.

123 **Dossier**. Madame La Ravoye sous les traits de Pomone, in-fol., d'ap. *Rigaud*. Superbe ép.

124 **Drevet** (Claude). Marg.-Henriette le Bret de la Briffe, 4e femme de Cardin le Bret, en Cérès, d'ap. *Rigaud*. Belle ép., in-fol.

125 **Drevet**.(P.). Adrienne Le Couvreur, rôle de Cornélie, in-fol., d'ap. *Ch. Coypel*. Très-belle ép.

126 — Marie duchesse de Nemours, d'ap. *Rigaud*, in-fol. Très-belle ép.

127 — Louise-Adélaïde d'Orléans, abbesse de Chelles, grand in-fol., d'ap. *Gobert*. Magnifique ép., marge.

128 **Dunkarton**. Sisters contemplating on Mortality.

129 **Dupont** (Henriquel). Madame Feuillet de Conches. Superbe ép. sur chine, grand papier. Rare.

130 — Auguste-Marie-Jeanne de Baden-Baden, duchesse d'Orléans.

131 — La princesse Marie d'Orléans, dessinant d'ap. *A. Scheffer*. Superbe ép., avant la lettre.

132 **Dyck** (D'ap. Van). Madame Ann Kirk, en pied. — Jane Daughter of lord Wemnan, par *Boydell*. Lady Philadelphia Wharton, par *Dunkarton*. 3 p. in-fol. Très-belles.

133 **Edelinck** (G.). Jeanne d'Autriche grande-duchesse de Toscane. d'ap. *Rubens*, in-fol., ép. avant le n° (R. D. 143).

134 — Madeleine de Lamoignon (R. D. 234). Magnifique ép. 1ᵉʳ état.

135 **Faber**. Comtesse de Clarendon. — Comtesse de Dorset. 2 portraits en pied grand in-fol., d'ap. *Kneller*.

136 — Mrs Faber. — Lady Carteret. — Lady Midleton. 3 p. in-fol. Très-belles ép.

137 — Mrs Davenport. — Miss Hudson. 2 portraits en pied, petit in-fol. Très-belles ép.

138 — Constancia Philipps. — Lady Townshend et autres. 4 jolies femmes, petit in-fol.

139 **Fairfax**. Jeune Fille servie par un nègre, Dame tenant une couronne. 2 p. petit in-fol. Très-belles ép.

140 **Fessard**. Marie E. J. B. Guyard, épouse de Ch. P. de Bourgevin de Vialart, in-fol. Très-belle ép. Rare.

141 **Finlayson**. Gertrude vicomtesse Villiers, in-fol. Très-belle ép.

142 **François**. Anne-Elisabeth-Louis Vernet Delaroche, Granville, 1843. Médaillon, superbe ép. sur chine. Rare.

143 **Freschi**. Lady Charlotte Holwell Carr. — Miss Duncan. 2 p. in-4 en couleur. Superbes ép.

144 — Lady Theodosia Cradock. en pied, d'ap. **Cosway**. *Proof*. Très-belle ép., en couleur.

145 **Gaucher**. Madame de Rasoir, baronne de Noyelle. Grand in-8. Superbe ép. Rare.

~~Jesus 10~~

Nichel 15   Deru 10

N.   23

Michel 12

Mathieu 10   Michel 5   Lilium 5 50

146 **Gérard** (D'ap.). Femmes célèbres en buste et en pied. 26 p.

147 **Girard**. Madame Scheffer, mère du célèbre Ary Scheffer, in-fol., manière noire. Superbe ép. avant la lettre.

148 **Green** (Val.). Mrs Green and Child. Très-belle ép., in-fol., marge.

149 — Mrs Cosway, célèbre femme peintre, in-fol. d'ap. elle-même. Magnifique ép.

150 — Marie de Levis vicomtesse de Sarsfield, tenant un masque. Très-belle ép., in-fol.

151 — Madame Lemaître, avant la lettre, in-fol.

152 — La jeune Fille au pigeon, figure en pied; la Dame au vase. 2 p. in-fol.

153 — Rosette, avant la lettre.—Jeune Fille pinçant de la guitare et autre. 3 p. petit in-fol. Très-belles ép.

154 **Grevedon**. Madame Grevedon, sur chine; les trois Maîtresses. 2 belles lithog.

155 **Grignon**. Marie de Neuville, dame de Courselle, petit in-fol. Superbe ép., marge.

156 **Hopwood**. Madame la comtesse Merlin, in-8, d'ap. *Mme Pauliner*. Superbe ép. avant la lettre, chine.

157 **Houston**. Mrs Wodhull, en pied. Grand in-fol.

158 — Mrs Brocks. — Elisabeth duchesse d'Hamilton Brandon. 2 p. petit in-fol.

159 — Shepherdess. Superbe ép. avant toute lettre. Chloe in the Country. 2 p. petit in-fol.

160 — Peace, Plenty, Winter et autre. 4 p. petit in-fol.

161 **Judkins**. Frances Lady Bridges, petit in-fol. Très-belle.

162 **Kneller** (D'ap.). Madame d'Avenant. — La duchesse de Balton. — Mrs Carter. — Lady Howard. 4 portraits dont 2 en pied, petit in-fol.

163 — Mrs Eleonore Copley. — Lady Elisabeth Cromwell. — Comtesse d'Essex. — Lady Essex Mostyn. 4 p. petit in-fol.

164 — Duchesse de Grafton. — Arabella Hunt. — Comtesse de Jersey et autre. 4 p. petit in-fol.

165 — Mary duchesse d'Ormond. — Comtesse de Rutland. — Duchesse of Saint-Albans. — Sainte Agnès. 4 p. petit in-fol.

166 — Madame Soams. — Mrs Turnor. — Mrs Sherard. — Lady Torrington. 4 p. petit in-fol.

167 — Lord Euston. — Earl of Exeter. — Duke de Glocester, — Rachel-How. — James Earl of Salisbury. 5 p. petit in-fol. Très-belles ép.

168 **Lafosse**. Mlle Lany de l'Opéra, d'ap. *Carmontelle*, en pied, dansant. Magnifique ép., marge.

169 **Landseer**. Mrs Mullens, en pied ; petit in-fol. en couleur.

170 **Larmessin**. Anne-Marie Martinozi princesse de Conti. — Marie-Thérèse de France, fille de Louis XIV. — Louise-Françoise de Bourbon, légitimée, duchesse de Bourbon. 3 portraits, in-4.

171 **Lely** (D'ap.). Beautés de Windsor : Duchesse de Cleveland, en Pallas. — Comtesse d'Ossory duchesse de Richemond, en Diane. — Comtesse de Rochester. — Lady Whitmore. 5 p. in-fol. Très-belles ép.

Mehul 25   Vim 12

Sarva 6

Michel 12

Wien 8

Morren 6

Grossen 3.75

Grossen 3

Ubvie 3

172 **Lepicié**, 1733. Charlotte Desmares, actrice, in-fol. Superbe ép., grande marge. *Col. Visscher*.

173 — Cath. de Seine, épouse du sieur Dufresne, in-fol., d'ap. *Aved*. Superbe ép., grande marge.

174 **Lignon**. Madame la comtesse de Genlis, petit in-fol., d'ap. *Cheradame*. Superbe ép., lettre grise chine.

175 **Mecou**. Mlle Leverd, actrice, in-4, d'ap. *Isabey*. Très-belle ép. avant la lettre.

176 **Mercier** (D'ap.). Le Bilboquet, la Fille au chat noir, la jeune Ouvrière endormie. 3 p. par *M. Ardell*. Petit in-fol.

177 — La Courtisanne vénitienne, la Chambrière, jeune Fille à sa toilette. 3 p. par *Faber*, petit in-fol.

178 — La Minuit, colorié. — Le Feu, l'Écaillère, etc. 4 p. petit in-fol.

179 **Michel**. M. Anne Bolot Dangeville, in-fol., avec scène au abes, d'ap. *P. de Saint-Aubin*. Superbe ép. grande marge.

180 — Mlle Angélique Drouin femme Preville, in-fol., avec scène au bas, d'ap. *Colson*. Très-belle ép.

181 **Mote**. Lady Emily Dungarvon, in-4, en couleur.

182 **Muller** (J.-G.), 1783. La tendre Mère (Madame Muller), in-fol. Superbe ép,, marge.

183 **Nanteuil**. Christine de Suède, R. D. 67.

184 **Nattier** (D'ap.). La belle Source (c'est, dit-on, Madame de Châteauroux), par *Meliny*. Belle ép., in-fol.

185 — Madame de ... en Flore, in-fol, par *Voyez* le jeune. Très-belle ép.

186 — La Chasseuse aux cœurs, in-fol., par *Henri-quez* (Mlle de Beaujolais). Très-belle ép., marge.

187 — La Force, in-fol., par *Balechou* (c'est Madame de Châteauroux).

188 — La Justice, par *Vidal*. Superbe ép., in-fol., grande marge.

189 — La Duchesse de ... en Hebé, in-fol., par Hubert (c'est Louise-Henriette de Bourbon-Conti duchesse d'Orléans et mère d'Egalité). Superbe ép. Rare.

190 **Nugent**. Mrs J.-M. Raikes, in-4, colorié.

191 **Paye**. Miss Decamp, in-8, en couleur.

192 **Peters**. Sylvia, et autre jolie femme gracieuse, in-fol. en travers. 2 p

193 **Petit**. Marie-Gabrielle de la Fontaine Solare de la Boissière, d'après *La Tour*. Très-belle ép., in-fol.

194 — L'Après-dîné; Mlle Sallé, d'ap. *Fenouil*, coiffée d'un chapeau, petit in-fol,

195 **Pitteri**. Jolie Femme coiffée d'un chapeau, in-fol., avant la lettre. Superbe ép.

196 **Purcell**. Portrait de jolie Femme. — Night: garçon allumant une chandelle. 2 p., petit in-fol.

197 **Qualia**. La reine de Suède et de Norvège en 1822. Très-belle lithog., petit in-fol. Rare.

198 **Reynolds** (D'ap. J.). La duchesse de Gloucester, la duchesse de Marlborough. 2 p. in-fol.

199 — La Bacchante, le Dessin. 2 jolies pièces petit in-fol.

ulvien

Michel 12

Michel 6. Vien 20

200 — Mrs Abington. — Barrington. — Comtesse of
Berkley. — Lord Burghersh enfant, par *Bartolozzi*. 4 p. petit in-fol. Très-belles.

201 — Lady Cathcart. — Miss Crieuse et sa sœur. —
Charlotte Fish. — Fordyce pinçant de la guitare. 4 p. petit in-fol. Très-belles.

202 — Lady Fortescue, 1761. — Miss Gravile. —
Greenway. — Lady Selina Hasting. 4 p. petit
in-fol. Très-belles.

203 — Miss Lascelles. — Lady Scarsdale. — Bell,
comtesse de Sefton. — Lady Stanhope. 4 p. petit
in-fol. Très-belles.

204 **Ribault**. Marie-Louise, impératrice, in-fol.,
d'ap. *Bosio*. Superbe ép. avant la lettre.

205 **Riffaut**. Marguerite d'Angoulême, reine de
Navarre, in-8. Charmant portrait rare.

206 — Reines. Claude, Éléonore, Louise de Lorraine,
Elisabeth d'Autriche. 4 portraits en couleur,
fac-simile.

207 — Jeanne d'Albret, Gabrielle d'Estrées, 2 port.
en couleur, *fac-simile*.

208 — Diane d'Angoulême, Marguerite d'Angoulême
reine de Navarre. 2 p. en couleur, *fac-simile*.

209 — Madame de Chateaubriand, de Guise, Nemours, de Sauve, de Simier. 4 portraits en
couleur, *fac-simile*.

210 **Roullet** (L.). Dame Cath. ***Touchelée***,
femme de M. Hilaire Clément et de Antoine Le
Riche, petit in-fol., d'ap. *Cotelle*, 1682. Superbe
ép. avant la lettre, marge.

211 Saint-Aubin. Louise-Emélie, baronne de ***, Adrienne-Sophie, marquise de ***. 2 ravissants portraits de femmes *ad vivum*. Superbe ép., petit in-fol., rares.

212 — Madame la baronne de Rebecque à sa dernière heure, à 36 ans (c'est, dit-on, la princesse de Montmorency, l'ennemie de Voltaire). Médaillon rond, in-4, rarissime.

213 Salmon. Roma 1849, portrait d'une dame de condition, d'ap. *Morani*, in-fol. sur chine. Superbe ép. rare.

214 Schenck (Pierre). Son portrait. 2 différents, sa fille, sa sœur, son frère, musicien jouant du violoncelle. 5 portraits grand in-4. Superbes ép.

215 — Kneller. — Lairesse, peintres, — J.-D. Arcuiarius, — Dame et son fils. 4 p. grand in-4. Superbes ép.

216 — Rustica simplicita — Gare là-dessous. Avant la lettre. 2 p. petit in-fol. Belles ép.

217 — Dulce officium, femme qui va faire la barbe à Louis XIV. Grand in-4. Superbe ép.

218 Scotin. Mlle Huretti, dansant, 1756, en pied, in-fol., beau portrait. Superbe ép., rare.

219 Sherwin. La Duchesse de Cumberland and Strathern en pied, d'ap. *Cosway*, petit in-fol. Très-belle ép.

220 Smith (J.). La Duchesse d'Ormond en pied, d'ap. *Kneller*, in-fol.

Michel 15

Convol   2.50

Convol   1.50

221 — Lady Cartteret, — Copley, — Mrs Conwai Hackett, — Constance Hare. 4 p. petit in-fol. Très-belles ép.

222 — Anne Clarke, Kynnesman, — Les Sœurs de R. de Ranelagh, — Comtesse de Rocheford, etc. 4 p. petit in-fol.

223 — Marie, reine d'Angleterre, d'ap. Kneller et d'ap. de Largillière, — Sophie Dorothée, reine de Prusse, fille unique de Georges d'Angleterre, — Sophie de Brunswick. 4 portraits petit in-fol. Très-belles ép.

224 — Nymphe au bain, — L'avarice représentée par une belle femme nue avec une tête de loup. 2 p. petit in-fol. Superbes ép.

225 **Smih** (J.-R.). Miss Bouverie, petit in-fol. en couleur, — Sophie Western en bistre. 2 charmants portraits petit in-fol.

226 — Miss Chambers, — Mlle Clermont, — A. Cremonese Lady. 3 p. petit in-fol. Très-belles ép.

227 **Spilsbury**. L'Enchanteresse, jolie femme coiffée d'un chapeau coquet, petit in-fol. Très-belle ép.

228 **Spooner**. La Terre, — La Loy. 2 p. petit in-fol.

229 **Stump**. Miss Mellon à mi-corps, en couleur. Joli portrait petit in-fol.

230 **Tardieu** (J.). Mlle Sophie-Louise Willelmine de Lafont, d'ap. *de la Pierre*, 1769. Superbe ép. in-fol. avant toute lettre, marge. Très-rare.

231 — Le même avec la lettre. Très-belle ép. In-fol. rare.

232 — Marie Leczinska, reine de France, d'ap. *Nattier*. Très-belle ép. in-fol.

233 **Vallée.** Mlle Loison et son fils sous les traits de Vénus et l'Amour. Belle ép. in-fol., d'après *de Troy*.

234 — La Dame au nègre, c'est le portrait de ***Madame de Parabere***, d'ap. le tableau qui existe à Boran, chez Madame la Comtesse de Sancy-Parabere, in-fol. d'ap. *Rigaud*. Superbe ép.

235 **Ward.** Hersell the Fairest Flower et autres. 2 jolis portraits de jeunes filles, petit in-fol. Très-belles ép.

236 — Miss Fordyce, in-fol., jolie femme. Très-belle ép.

237 — Lady Jeane Grey — Marie, reine d'Ecosse. 2 port. in-fol., d'ap. *Fulton*.

238 **Watson.** Mrs Bull — Lady Erskine — Fortesanc. 3 jolies femmes, petit in-fol. Très-belles ép.

239 — Miss Thelusson — Trimmer — The lover undress'd. 3 jolies filles, petit in-fol. Très-belles ép.

240 **Vendramini.** Miss Decamp, rôle d'Uranie à mi-corps, en couleur. Superbe ép. petit in-fol.

241 **Vernet** (d'ap. Horace). Vittoria d'Albano, in-fol. d'ap. *S. Cousin*. Superbe ép., marge.

242 **Will** (J.-G.). Marie-Thérèse d'Espagne — Marie-Josephe de Saxe, dauphine de France, d'ap. *Klein*. 2 p. grand in-4. Très-belles ép., marge.

Crozin 1.75

Nichel 13   Demont   Gam 9.

Wism 6

Combrong

Grospierre 6.75

Grospierre 3   Varlo 5

Moreau 6

243 — Elisabeth de Gouy, femme de *Rigaud*, in-fol.
Très-belle.

244 — Marg.-Elisabeth de Largillière, fille du peintre,
in-fol. Belle ép., marge.

245 **Vogel**. Anne-Elisabeth Buirette von Oehlefeldt.
In-fol.

COSTUMES DE FEMMES

246 **Arnoult**. Dame religieuse de Saint-Cyr, de-
moiselle de 1re, 2e, 3e et 4e classe. 5 costumes.
Superbes ép.

247 — Femme de qualité au bain de la Saussaye,
Estante à ses nécessités, le Jeu du volant, la
Belle au frais, En conversation dans les Tuileries.
5 p. très-belles.

248 **Bonnart**. Amélie de Nassau, Dame de grande
qualité et autres. 6 costumes. Superbes ép.

249 — Les Saisons. 4 costumes. Superbes ép.,
marge.

250 — L'Age d'or, d'argent, d'airain, de fer. 4 costumes. Superbes ép.

251 — Les Muses. 9 costumes. Superbes ép., marge.

252 **Danckerts** ex. Le Matin, l'après-diné, le soir.
3 p. avec costumes époque Louis XIV.

253 **Lanté** (d'ap.). Portraits costumes en pieds, de
femmes célèbres de toute époque, coloriés.
28 p.

254 **Mariette** (chez J.). La Duchesse du Mayne en
pied. Superbe ép.

255 — Madame de Maintenon à genoux. Superbe
ép.

256 — Dame de qualité en négligé allant par la ville.
Superbe ép.

257 **Trouvain** (chez). Madame en habit de chasse,
Mlle de Loube, fille d'honneur de Madame,
2 costumes. Superbes ép.

258 — Madame la Duchesse de Lude. Superbe ép.

259 — Madame de Maintenon assise et lisant. Sup.

260 — Les Sens, 5 costumes. Superbes ép.

261 **Sandrart** (Suzanne-Marie-Jacobi, fille de). Les
Heures du jour, 4 scènes de dames, toilettes,
repas, etc., genre Bonnart.

262 — Les Sens, 5 p. avec costumes genre Bonnart.

263 — Les Merveilles du monde, tableaux regardés
par des dames, en costumes genre Bonnart.

264 **Schenck** ex. Princesse de Caunitz, de Livonie, de
Saxe, Brandebourg, Darmstadt, Angleterre, etc.,
12 costumes genre Bonnart.

265 **Sergent**. Reines de France et autres ovales, et
scènes historiques. 22 p. in-4, en couleur.

266 **Valk** ex. Dame à sa toilette, déshabillé de ville,
de chambre, habit d'été, d'hiver, femme de
qualité, grisette, etc., 12 costumes genre Bonnart.

267 **Wolff** (Jérémie) ex. Les Saisons, les Parties du
monde. 8 costumes genre Bonnart.

268 — Dame de grande qualité, en habit garni de
pierreries, à l'église, en robe de chambre, à la
mode, en déshabillé, sortant du lit, en falbala, etc.
18 costumes genre Bonnart.

Varlo 5

Groszen   6 75

Groszen   9 25

Groszpa 6

Groszpa 3   Varlo 3
Vien 6   Varlo 3
          Groszpa 7.75

Henal 10   Veydt 25

          Henal 1.50

269 **Wolffgang** (J.-G.). Dame de qualité en conversation, sur un canapé, recevant une lettre, et
autres en habit de chasse, touchant du piano,
de la guitare, etc. 12 costumes genre Bonnart.

270 Costumes de Dames, époques de Charles V, VII,
et autres par Pauquet. 10 p. coloriées.

271 Costumes de Théâtres, par Janinet, 8 p. coloriées.

272 — de Courtisanes, Ribaudes, Grisettes, Lorettes,
costumes de Cour, de Dame de qualité, etc.,
charges, 14 p. noir et couleur.

SUPERBE RÉUNION DE RELIGIEUSES

SAINTES FEMMES, FONDATRICES D'ORDRES

273 Portraits des Fondatrices de tous les différents
ordres de Religieuses, 85 p. in-8 octogone ; cette
collection très-rare contient les noms les plus
célèbres depuis Sainte-Anne jusqu'à 1627. Madame Chantal, Alix de Lorraine, Comtesse de
Chaligny, etc.

274 **Absolu** (Jeanne), dite de Saint-Sauveur, pour
titre de sa vie comme modèle de la perfection
religieuse, in-4.

275 **Agathe** de la Croix, professe du tiers ordre de
Saint-Dominiqué, en pied, in-4, par *Daret*. Très-
belle ép.

276 **Agnès** (Sainte) en pied. Charmante pièce in-8,
par *Huret*.

277 **Alvequin** (Marie) dite de Jésus, réformatrice des Augustines, 1648, grand in-8, par *Louis Moreau*, Superbe ép.

278 **Amboise** (Françoise d'), duchesse de Bretagne, religieuse carmélite, 1485, en pied, à genoux, petit in-fol., par *Pitau*.

279 **Anne** de Bretagne et Louis XII, tiré d'un Manuscrit, Villemain, colorié rehaussé d'or. — Scènes de sa vie. Chapelles ardentes à Saint-Denis, Paris, Blois, Nantes, Convois, Boîte de Cœur, tirés de Montfaucon, 8 p.

280 **Anne de Beauvais**, religieuse Ursuline, 1620, en pied, soutenue par un ange, petit in-fol.

281 **Anne de Jésus** de l'ordre de Sainte-Thérèse, petit in-fol. par *C. Galle*, d'ap. Rubens. Superbe ép. — Autre in-8, goût de *Wiérix*.

282 **Anne** (Sainte). Buste de face, grand in-8, rare.

283 **Anne** de Saint-Barthélemy, fondatrice des Carmélites déchaussées, compagne de Sainte-Thérèse, 1626, grand in-8.

284 **Angela** (Sœur), capucine, in-8, par *Monaco*.

285 **Antoinette** de Jésus, chanoinesse de Saint-Augustin, 1678, in-8, par *Gantrel*.

286 **Arbouse** (Marguerite d'), bénédictine, 1626, in-8. Superbe.

287 **Armelle**, Nicolas de Bretagne, 1671, chez *Bazin*, in-8.

288 **Arnauld** (Marie-Angélique), dernière abbesse de Port-Royal, ordre de Cisteaux, 1661, petit in-fol., par *Van Schuppen*, d'ap. P. de Champagne. Superbe ép.

Henrot. 2 60

l'âme 3   Henrot. 2

Venue 8

Henrot 1

Henrot 2

Henrot. 1
Henrot. 2
Henrot. 2
Henrot 1
Henrot. 3

Mottgen 12

Henrot 2 50

Henrot. 3

Dervan 3

Henrot. 3   Dervan 6

Henrot 2 50

Henrot 1   Dervan 4

Hurl. 2 50   Henrot 3

Henrot 1

Henrot 1 50

289 — Catherine Agnès — Marie-Angélique. 2 portraits à mi-corps, in-4. Magnifique ép. avant toute lettre, par *Boulanger*.

290 — Angélique — Catherine Agnès — Angélique de Saint-Jean, 3 portraits in-8, par *Desrochers*. Très-belles ép.

291 **Bar** (Catherine de), dite Mecthilde du Saint-Sacrement, bénédictine, 1698, in-4, attribué à *Drevet*.

292 **Begge** (Sainte), duchesse de Brabant, in-8, in-4, par *P. de Jode*, et in-fol. d'ap. Rubens, par *Van den Steen*. 3 p.

293 **Benoys** (Anne), in-8, par *Hollar*. Très-belle ép.

294 **Berride** (Josèphe). Du troisième ordre de Saint-Dominique, 1717, in-4, par *Edelinck*. Très-belle ép.

295 **Berthelot** (Catherine-Germaine veuve), petit in-fol. par *Van Schuppen*. Magnifique ép.

296 **Bertellier** (Françoise-de-Sainte-Marie de), du tiers-ordre de Saint-François, 1645, in-8, par *M. Lasne*.

297 **Biscot** (Jeanne), fondatrice des Filles-de-Sainte-Agnès d'Arras et de la Sainte-Famille de Douai, 1664, in-8, par *Langlois*. Superbe ép.

298 **Blanche** de Castille, en pied, assise sur le trône en habit de Religion, in-4, par *Huret*.

299 **Bonne** de Paris (Rér. Mère), capucine, en pied à genoux, in-4.

300 **Bonomi** (Jeanne-Marie) de l'ordre de Saint-Benoît, 1670, in-4, par *Amling*.

301 **Bourignon** (Antoinette), de Lisle, 1680, in-4, par *Gunst*.

302 **Bridoul** (Marie-Antoinette), in-8, par *Landry*, 1668. Superbe.

303 **Brigitte** (Sainte), in-4, *B. Picart*. Superbe ép.

304 **Catherine** de Jésus, carmélite, 1623, à genoux devant l'Enfant Jésus, grand in-8, par *Huret*.

305 **Catherine** de Sienne du tiers-ordre de Saint-Dominique recevant les stigmates, in-4. Très-belle ép.

306 **Charlet** (Catherine), réformatrice du Monastère royal de la Saussaye, 1652; in-8, par *M. Lasne*, rare.

307 **Charlotte** de Sainte-Ursule, Ursuline d'Amiens, 1680, in-4, par *Thomassin*.

308 **Chesard** de Matel (Jeanne-Marie de Jésus), fondatrice de l'ordre du Verbe incarné, au Très-Saint-Sacrement de l'autel, 1670, par *Boulanger*, d'ap. Champagne. Magnifique ép. avant toute lettre, in-4.

309 — La même avec la lettre. Belle ép.

310 — La même étant morte, in-4, anonyme.

311 **Collet** (Anne). Du tiers-ordre de la Sainte-Trinité, in-8, par *Desbois*, 1668.

312 **Colete** (Sœur), réformatrice des trois ordres de Saint-François, in-8, *Michel van Lochom*. Très-belle ép., marge.

313 **Combé** (Marie de), Supérieure des Filles du Bon-Pasteur, grand in-8, par *Leclerc* le jeune. Superbe ép. — La même dirigée à gauche, par *Pitau*, in-8. 2 p.

Lestan 6   Klenrat - 3.50

Klenrat 1.50

Jean Durand 1.75

Travaux 6   Klenrat 2.50

Dervaux 3   Klenrat - 1.50

Chaleyer 2.50

Chaleyer 2   Klenrat 5
Chaleyer 2   Klenrat 1
              Klenrats 1.50

Vuyde - 1.25 Klenrat 1

          Klenrat 3   .

Henrot 1 50

Henrot

Henrot 4

Henrot 2.   Marais 3.50   Chevert. 2.50

Henri 1.50   Martin 3
Henrot 1 50

Henrot 1 50

Henrot 1 50   Laurens 8   Dervaux 10

Henrot 1.50

Henri 1.50

Henrot 1.50

Henrot 1.50

314 **Condé** (Louise-Adélaïde de Bourbon), fondatrice du Temple, lithog. petit in-fol. rare.

315 **Courcelle** de Pourlan (Mme de), dite Jeanne de
Saint-Joseph, de l'ordre de Cisteau, 1651, in-4.

316 **Delatullaye**, femme Binet de la Blotière,
in-4, par *Cars*.

317 **Deleau** (Marie-Antoinette). Sœur, in-8, avant
toute lettre.

318 **Dulaurent** (Anne-Marguerite), 1733, avec
10 vers au bas, grand in-8. Superbe ép., marge.

319 **Du Mesnil** de Courtiaux (Cl.-L. de Sainte-
Anastasie), dernière Prieure de Port-Royal,
1716.

320 **Du Val de** Sainte-Gertrude (Marguerite), Hos-
pitalière de la Miséricorde-de-Jésus, à Dieppe,
1696, in-4, par *Langlois*.

321 **Elisabeth** (Sainte). Reine, in-8, par *Weiss*.

322 **Elisabeth** d'Autriche du tiers-ordre de Saint-
François, in-4.

323 **Fontaine** (Catherine), in-4, par *Andriot*.

324 **Fontaine** (Louise-Eugénie de), de la Visitation,
1694, in-8, par *Edelinck*. Superbe ép.

325 **Françoise** des Filles du Couvent de la Conception, 1666, in-8. Très-belle ép.

326 **Françoise** de Saint-Joseph, bénédictine, 1655,
grand in-8, par *Lochon*. Très-belle ép.

327 **Gascoigne** (Catherine), bénédictine, 1652,
grand in-8. Superbe ép.

328 **Gautron** (Madeleine), bénédictine, 1676, in-8,
par *Commeau*. Superbe ép.

329 Gertrude (Sainte), bénédictine, grand in-8, par *Fariatte*.

330 Glossinde (Sainte), princesse d'Austrasie, elle reçoit le voile par le ministère des Anges dans la cathédrale de Metz, in-4, par *Larmessin*. Sup. ép., marge.

331 Gondy (Marguerite de). Marquise de Magnelais, fondatrice des Magdelonettes, elle est dirigée à droite, un prisonnier à gauche en haut, un pauvre à droite, in-8, par *L. Spirinx*. Superbe ép., marge.

332 — La même dirigée à droite avec deux prisonniers à gauche en haut, in-8, par *Landry*. Sup. ép.

333 — La même dirigée à gauche avec les deux prisonniers à droite en haut, in-8, chez *Landry*. Superbe ép.

334 Gueldres (Philippe de), femme de René, duc de Lorraine et Roy de Sicile, religieuse, 1547, in-8, par *Van Schuppen*. 1686. Superbe ép., marge.

335 Guyon (Jeanne-Marie Bouvières de la Mothe). 1717, in-8, par *Aubert*. Superbe ép.

336 Guyon (Madame), in-4, anonyme, marge, rare.

337 Habert (Françoise). Religieuse de Fontevrault, 1636, par *Mellan*, in-8.

338 Hameau (Anne), prieure de Saint-Louis de Torcy en Brie, in-4, par *Habert*. Très-belle ép.

~~Droit de~~ Henriot. 1.50

Jul. Duran 2 75   Demours   Grospe. 1.50   Chartien 50   Henriot 2   Derway 6

Henriot 3

Henriot, 1.50

Henriot 1.50

Grosje. 1 50   Chartien 15   Henriot 2

Henriot 3

Henriot 3

Ulric   Henriot 1 50   .

Varin L. Ogier 3   Henriot 1.50

Henroly 4 50   Veyde 2

Henroh 1·50
Henroh 2·50

Henrot 2

Henrot 15

Henroly 1

Henroh 5   Jul. D. raw 2 75

Henroh 2   Dervay ·6

339 **Harlay** (Marguerite de), abbesse de Port-
Royal, in-8, dirigée à droite avec ses armoiries
au bas, chez *Bonnart*. — La même dirigée à
gauche, in-8, dans la tablette *in Portu Secura*,
pas d'armoiries. 2 p. Belles ép.

340 **Helyot** (Madame), 1682, grand in-4, par *Bazin*.
Superbe ép., marge.

341 — La même, in-8, par *Desrochers*. Superbe ép.
sans marge.

342 — La même, in-8, par *A. Masson*. Belle ép.

343 **Humières** (Anne-Louise de Crevant d'), Réformatrice de l'abbaye de Monchy, diocèse de
Beauvais, ordre de Cisteau, 1710, par *P. Drevet*,
grand in-8. Superbe ép.

344 **Isabelle** (Sainte). Supportant une abbaye avec
saint Louis, roi, grand in-8, par *Jaspar Isaac*.
Superbe ép.

345 — Sœur de Saint-Louis, fondatrice de monastère, in-8. *M. Van Lochom excudit*. Superbe ép.

346 **Isabelle**. Claire-Eugénie au bas d'un arbre
généalogique couvert de religieuses et de reli-
gieux au nombre d'environ 100, in-fol. très-
rare.

347 **Isabelle**. Claire-Eugénie dans sa chapelle ar-
dente, grand in-8, par *Alex. Voet*. Superbe ép.

348 **Isabelle** des Anges, Espagnole, fondatrice des
Carmélites, à Limoges, 1644, grand in-8, par
Boulanger. Très-belle ép.

349 **Jacinte** de Atondo, abbesse du Couvent de
Sainte-Catherine de Sarragosse, 1716, in-4, par
Edelinck. Sup. ép.

350 **Jeanne** de France, fondatrice de l'Annonciation par *Picquet*. — La même, 1501. *Mariette ex.* 2 p. Très-belles ép. in-8.

351 **Jeanne - Baptiste** de France, abbesse de Fontevrault, 1670, in-8. Très-belle ép.

352 **Jeanne** de Saint-Sauveur, religieuse de Fontevrault, 1637, in-8, par *Charpignon*. Superbe ép.

353 **Jossaud** (Spirite de), ordre des Minimes, 1648, in-8, par *Desrochers*; autre tenant le Christ et dirigée à gauche. 2 p. Très-belles ép.

354 **Jouvin** (Julienne), supérieure des Filles de la Charité, 1744, in-8, par *Tardieu*. Très-belle ép.

355 **La Croix** (Charlotte de), supérieure du monastère de Verdun de la Congrégation de N.-D., en 1608, par l'ordre du très-vénérable P. Pierre Fourier, fondateur, 1676, in-8, par *Gantrel*. Belle ép.

356 **La Croix** (Françoise de), institutrice des Hospitalières de la Charité N.-D., in-8, par *Tardieu fils*. Très-belle ép.

357 **Las Llagas** (Damiana de). Vénérable, 1670. Grand in-8, par *Richard Collin*. Très-belle ép.

358 **La Tremoille** (Calliope de), abesse du Pont-aux-Dames, in-fol., par *Trouvain*, 1681. Très-belle ép.

359 **La Valette** (Anne-Louise-Ch. de Foix de) d'Épernon, carmélite, 1701, in-4, par *Edelinck*, d'ap. Beaubrun (R. D. 195).

Thier   Henrot 3

Henrot 2

Henrot 1.50

Henrot 2

win 2   Henrot 3

Henrot 3

Henroth 2

grav 3

Jul Dura 2 75   Henrot 2

Henriot 3   Dervaux 12

~~Henriot~~   Grosjean 1 50

Hurb. 3   Hemo 6

Hurb. 2 50   Henriot 1

Hurb 5   Henriot, 3   Dervaux 5

Henriot 3   Grosjean 2   Varin 3

Henriot 2   Grosjean 1 25

Henriot 2   Grosjean 1 25

Henriot 3

Henriot 5

360 — La même, plus âgée, tenant une couronne d'épines, in-4, par *Edelinck* (196). Superbe ép., très-rare.

361 **Le Clerc** (Alix), dite Mère Thérèse de Jésus, fondatrice de la Congrégation de N.-D., à Nancy, 1622, in-8.

362 **Le Gras** (Mademoiselle), fondatrice des Filles de la Charité, 1660, in-8, par *Boulanger*. Magnifique ép.

363 — La même, in-8, par *G. D. C...*, chez Odieuvre. Superbe ép., marge.

364 — La même, in-fol., par *Du Change*. Superbe ép., marge.

365 **Lorraine** (Armande-Henriette de), coadjutrice de l'abbaye royale de Soissons, in-4, par *Van Schuppen*. Superbe ép. — Henriette de Lorraine, abbesse de N.-D.-de-Soissons, in-8. 2 p.

366 **Lorraine** (Marguerite de), fondatrice de l'ordre de Sainte-Claire, in-4, par *Van Schuppen*. Superbe ép. dirigée à gauche.

367 — La même, in-4 octogone, dirigée à droite. Très-belle ép.

368 **Louise** de l'Ascension, abbesse du monastère de Sainte-Claire de Carrion, Bassano F. — La même, *F. G. sc.* 2 portraits in-8, très-rares.

369 **Louise-Marie** de France, carmélite, 1770. Petit portrait rare, chez *Ouvrier*. Superbe ép., marge. — La même, par *Le Beau*, d'ap. Queverdo, grand in-8. — La même, in-4, par *Littret*. 3 p.

370 **Louise** Thérèse de Saint-Antoine, carmélite, 1716, in-8, par *Duflos*. Superbe ép., rare.

371 **Luillier** (Marguerite) de Sainte-Beuve, institutrice des Ursulines, 1630, in-4, par *Lochon*. Très-rare.

372 **Lumagne**, fondatrice de la maison des Filles-de-la-Providence-de-Dieu, in-8, par *Boulanger*. Superbe ép.

373 **Luxembourg** (Marie-Liesse de), princesse de Tingry, carmélite, 1660, in-4, chez *L. Boissevin*. Superbe ép.

374 **Magdeleine** de Saint-François-de-la-Grange-le-Roy, capucine, 1658, in-8, par *Landry*. Très-belle ép.

375 **Magdelene** de Saint-Joseph, carmélite, grand in-8, par *J. Boulanger*. Magnifique ép. de la plus grande beauté, avec une grande marge de la plus belle condition.

376 — La même, en pied, à genoux devant l'autel, dirigée à gauche, carmélite déchaussée, in-4, par *Huret*. Très-belle ép.

377 — La même, à genoux, dirigée à droite, grand in-8, par *M. Lasne*. Belle ép.

378 — La même, à genoux devant le Christ, dirigée à droite, grand in-8, par *Pontius*. Belle ép.

379 — La même, dirigée à droite, en buste, in-4, anonyme, avant toute lettre. — La même, à mi-corps, dirigée à droite, in-8, 2 p.

380 **Magdeleine** de la Passion, dite de Rieux, supérieure de N.-D.-du-Calvaire, 1663, sur son lit de mort, in-fol., par *Vallet*. Superbe ép.

Henrot — 1 50

          Matthias 10.   Henrot — 2 50

Henrot 5

Henrot   2 50

Henrot — 1 50

Darcy 20   Henrot 4

Henrot   2

Duncan 4. Henrot — 1 50

Henrot — 1 50

Henrot 1 50

Henrot — 2 50

Henrot 1 50

Henrot 1 50

Henrot 3

Henrot 1 50

Henrot 3 .50

Henrot 1. 50   Narain 1.50
Darwin 12   Marain 3

Darwin 4   Marain 3

Henrot 2.

Henrot 2 50   Jud Dur 3.75

Henrot 1 50

Henrot 1 50

381 **Marguerite** de Jésus, in-4, par *Bonnart* le jeune. Très-belle ép.

382 **Marguerite** du Saint-Sacrement, carmélite, 1648, à genoux, ayant une vision, in-8, par *Le Doyen*. Superbe ép.

383 **Marguerite** de Saint-Xavier, ursuline, à genoux, avec une vision, in-4, par *Boulanger*. Superbe ép.

384 **Marie** de l'Annonciation, in-8, par *Bazin*. Superbe ép.

385 **Marie** de l'Incarnation, in-8, par *Messager*. La même, carmélite, in-8, par *Moncornet*. — La même, petit in-fol.; anonyme. 3 p. très-belles ép. 1648.

386 **Marie** de l'Incarnation, ursuline, 1632, in-8.

387 **Marie** de l'Incarnation, supérieure des Ursulines de Quebec, 1672, in-4, par *Edelinck*. Superbe ép. avant toute lettre.

388 — La même, magnifique ép. avec la lettre, marge.

389 **Marie** de l'Enfant-Jésus de Soulebieu, 1660, grand in-8, par *Gantrel*. Superbe ép.

390 **Marie** de Jésus, fondatrice du monastère de Sainte-Catherine-de-Sienne, à Toulouse, recevant un scapulaire des mains de la Vierge, in-4. Superbe ép.

391 **Marie** de Jésus, abbesse de l'Immaculée Conception de la ville d'Agreda, 1665, in-4, par *Diamaer*.

392 **Marie** Anne de Jésus, 1645, in-8, par *Bombelli*.

393 **Marie** Jeanne des Anges, ursuline, 1665. Très-petit portrait, magnifique épreuve, par *Van Schuppen*. Très-rare.

394 **Marie** Magdeleine de la Très-Sainte-Trinité, fondatrice de N.-D.-de-Miséricorde, 1678, in-4, par *Roullet*. Très-belle ép., marge.

395 **Marie** Madeleine de Jésus, carmélite, grand in-8, par *Picart le Romain*. Très-belle ép.

396 **Marie** Marguerite des Anges, carmélite, 1658, in-4, par *Lenfant*. Superbe ép.

397 **Michelis** (Anne), veuve Gilles Gouault, échevin de la ville de Troyes, 1680, par *Cl. Duflos*. Très-rare ép. avant toute lettre, l'écriture sur le livre et la bordure.

398 — La même, la figure plus expressive et avec la lettre, petit in-fol. Superbe ép.

399 **Miramion** (Madame de), in-4, par *Edelinck*. Très-belle ép.

400 **Montholon** (Catherine de) dame de Sauzelle, fondatrice des Ursulines de Dijon, à genoux, avec vision, in-4, par *M. Lasne*. Rare, très-belle ép., marge.

401 **Montmorency** (duchesse de); aquarelle ovale, in-8, par *B. Bauderval*.

402 **Morella** (Juliana), capucine, in-8, par *P. de Jode*.

403 **Neuvillette** (Baronne de), 1657, grand in-8, par *Landry*.

404 **Ock** (Marie), dite Sellier, carmélite, 1684, in-4, par *R. Collin*. Très-rare.

Hennot 3 . 50

Dewm 4.   Hennot 4.

Hennot 1. 50

Varlo 6

Varlo 4   Hennot 3

Voyot 2   Dewm 6.   Hennot 3

Dewm 8   S'albin   Hennot 3
               X X X

Hennot 2

Hennot 1 50

Hennot 1. 50

Hennot 3 50

Hemrah 2 52

Demrones   Varin 2.50

Hemrah 2

Hemroh 2.

Hemrah 1 50

Hemrah 2

Hemroh 2   Millgen 10

Hemroh 2

Hemroh 2   Derren 5

Hemroh 2

405 **Orléans** (Antoinette d') de Sainte-Scholastique avec vision, à genoux, grand in-8. Très-belle ép.

406 **Orléans** (Louise-Adélaïde), abbesse de Chelles, fille du Régent, par *Desrochers* et autres, in-8,. 3 différents.

407 **Pamentelin** (Marguerite), supérieure de tous les hôpitaux, in-4, par *Scotin*. Très-belle ép.

408 **Pichery** (Anne de), veuve de François-Philippe Bourgeois d'Orléans, in-4, par *Lenfant*, 1668. Très-belle ép., marge.

409 **Polastron** (Marguerite de), fondatrice des Feuillantines, 1588, in-8 octogone, par *M. Van Lochom*. Très-rare, superbe épreuve, marge.

410 **Raconis** (Catherine de), dominicaine, entourée d'anges et de visions, in-4, par *Daret*. Sup. ép.

411 **Reymart** (Françoise), ordre de Saint-François-de-Paule, 1643, in-8. Très-belle ép.

412 **Rohan** (Marie-Éléonore de), abbesse de Malnoue, in-8, par *J. Mariette*. Très-rare.

413 **Roselina** Monaca certosina en pied, couronnée, petit in-fol., par *Bartolozzi*.

414 **Rosny** (Marguerite de Sainte-Marie de), feuillantine, 1657, in-8, par *M. Lasne*. Très-belle ép.

415 **Scolastique** (Sainte), Sœur Saint-Benoît, abbesse de Juvigny, in-8, par *Habert*. Superbe ép.

416 **Ségur de Ponchat** (Marie-Anne-Françoise), abbesse de Gif, in-4, par *François*. Très-belle ép., marge.

417 **Suyreau** (Marie des Anges), abbesse de Maubuisson et de Port-Royal, in-8, par *Desrochers*.

418 **Thérèse** de Jésus-Marie, mère de Pie VII, in-4, par *Hunin*.

419 **Thérèse** Marguerite de l'Incarnation, carmélite déchaussée, in-4, par *M. Desbois*. Superbe

420 **Ursins** (Marie-Felice des), duchesse de Montmorenci, fondatrice de la Visitation de Moulins, 1666, in-4, par *Van Schuppen*. Superbe.

421 **Vaillac** (Gaillote de Gourdon de Genouillac de), command. de Beaulieu en Quercy, 1618, par *Matheus* et autre. 2 différents, in-8.

422 **Valentina**, Sœur Grace de Valence des Minimes, in-4, par *S. Picart* le Romain.

423 **Warner** (Lady), en religion Sœur Claire de Jésus, 1679, in-8, par Van Schuppen, d'ap. *Largillière*. Superbe ép.

424 **Vassé** (Françoise de), Prieure de Sainte-Anastase, dit Saint-Gervais, à Paris, 1694, in-8, par *Edelinck*, d'ap. Largillière. Magnifique ép. de la plus belle condition (R. D. 334).

425 **Waudru** (Sainte), duchesse de Lorraine, in-8, par *R. Collin*.

426 **Veni-Darbouze** de Sainte-Gertrude, abbesse de N.-D. du Val-de-Grâce, 1626, à genoux, in-4, par *L. Moreau*. Très-belle ép.

427 **Verdiana** (Sancta), ord. Vallosæ, à genoux, avec vision, petit in-fol., par *Bartolozzi*.

428 **Werguigneul** (Florence de), abbesse de Saint-Benoît, à Douai, 1638, par *Edelinck* Très-belle ép.

429 **Vuilcardel** de Fleury de l'Annonciade, 1658, en pied, in-4, par *L. Cossin*.

Veget 1.25   Henrot 1

Henrot 2

Henrot 5

Henrot 3

Henrot 1 50

Henrot 2

Dec 12   Henrot 3

Maylu 2   Henrot 1 50

Henrot 2 50

Henrot 2

Matthin 5   Dec 6   Henrot 2 50   Herb 6.

Henrot 1 50

Henrol 2

Henroh 1 50

Henrol 3   Martiua 5   Jul Dut 6.75

Henroh 1 50

Henroh 1 50

Darm 6   Ulri

Gorun 2   Lauris 6

430 Zagnonia (Prudentianæ), du tiers-ordre de Saint-François, grand in-8, par *C. Randon*. Très-belle ép.

431 Religieuse de l'Adoration du Saint-Sacrement fondé par Anne d'Autriche, reine de France, en pied, petit in-fol.

432 Vrai effigie de la B.-V.-M. di Caravaggio vénérée dans l'église paroissiale de Saint-Protais de Plaisance, in-8, par *Raphaël Morghen*. Très-rare.

433 Mater amabilis, par Polanzani. — Vierge et Jésus. — Saint Joseph et Jésus. 2 petites p. par *Huret*. 3 p.

434 Dame noble à genoux, par *A. Bosse*. — Autre, par *Galle*. 2 p. in-4. Très-belles.

435 Religieuses, en buste, par *Gantrel*, *Groos* et autres, dans le goût de *Wierix*. 3 pièces très-belles.

PORTRAITS DE FEMMES CÉLÈBRES

CLASSÉS PAR ORDRE ALPHABÉTIQUE DE NOMS

La plupart pouvant servir aux illustrations

436 Agnès Sorel. In-fol., par *Riffaut*, en Notre-Dame en couleur; copie d'une quittance, sa maison à Orléans, son tombeau. 5 p.

437 Agout (Comtesse d'), Daniel Stern, in-fol. par *Metzmacher*, avant la lettre dans la tablette. Sur chine.

438 **Angoulême** (Marie-Thérèse, duchesse d')
jeune, lith.; âgée, par *Riffaut*; son salon à Prague
et autres. 5 p.

439 **Arragon** (Catherine d'), in-4, par *Greathbach*.
Très-belle.

440 **Arnould** (Sophie), de l'Académie de musique,
in-8, par *Bourgeois de la Richardière*, ovale en
couleur, d'ap. Latour. — Autre, *Riffaut*. 2 p.
Très-belles ép.

441 **Autriche** (Élisabeth, reine d'), lithog. in-fol.
sur chine.

442 — Hildegarde, née princesse de Bavière, in-fol.,
manière noire.

443 **Beauharnais** (Amélie), femme du prince
Eugène, in-fol., par *Caronni*.

444 **Beaumenil**, de l'académie de Musique, petit
in-fol., par *Vidal*.

445 **Bellamy**, du théâtre de Covent-Garden. — Son
désespoir. 2 p. in-8.

446 **Belfons** (Marquise de), en pied, *Schenck fecit*.

447 **Berry** (M.-L.-E. d'Orléans, duchesse de), in-8.
par *Desrochers*. Très-belle ép., marge.

448 **Berry** (Caroline duchesse de), in-fol., par *Gudin*.
— Veuve, coupant ses cheveux, par *Marlet*. —
Prisonnière à Blaye, in-fol. sur chine, avant
toute lettre. 3 p.

449 **Bingham** (Miss), d'ap. Reynolds, par *Aug.
Legrand*, in-4, en couleur.

450 **Bonaparte** (Lætitia), lithog. in-fol., par *Charlotte Napoléon*, sur chine.

Ditschf 8   Martinen 5   Vien 5

Ditschf 3   Hervey 3.

Milligan 10

Mittgen 11

Herb 3

M 8.

Michel 3

Laurin 10

Ditch 7

451 **Bourbon** (Louise-Françoise, duchesse de), in-8, par *Desrochers*. Superbe ép.

452 — Madame la duchesse, en pied. *J. Wulff excudit*.

453 — Caroline de Hesse-Rhinfels. duchesse, petit in-fol., par *Jacob*.

454 — Louise-Marie-Thérèse, duchesse de Parme, jeune et veuve. 3 portraits lithog., in-fol.

455 **Bourgogne** (duchesse de), en pied, chez *Berey*, coloriée.

456 **Bury** (Milady, comtesse de), in-4, par *Pouget*, charmant portrait à l'eau-forte.

457 **Campan** (Madame), profil in-4, lithog., par *A. Deveria*. Rare.

458 **Carcado** (Poncet de la Rivière, comtesse de), in-8, par *Maradan*.

459 **Carline** 2 costumes en roles, par *Janinet*.

460 **Carlota**, impératrice de Mexico, lithog. in-fol.,

461 **Caroline**, reine de Naples, in-4, par *Boutelou*, en couleur.

462 **Castiglione** (comtesse de), in-4, lithog., par *Alophe*, sur chine. Très-rare.

463 **Catalani**, in-4 en couleur, par *Cardon*. Superbe ép., marge.

464 — en Muse, in-fol., par *Suhr*.

465 — en pied, in-fol., par *Cardon*. Superbe ép.

466 **Chambord** (comtesse de), lithog., par *Alophe, Maurin*. 2 p. in-fol., sur chine.

467 **Chartres** (Mlle de), en pied, par *Schenck*.

468 **Cheron** (les trois domestiques de Mlle Cheron), par *Delacroix*.

469 **Chevreuse** (Marie de Rohan, duchesse de), in-8, par *Balechou*, in-4, par Daret. 2 p. très-belles.

470 **Christine** de Suède avant la lettre, par *Ceroni*. — in-8, par *Petit*. 2 p. très-belles.

471 **Clairon**, in-8 ovale en couleur et autre. 2 p.

472 **Colombe**, en pied., par *Janinet*.

473 **Contat** en costumes, par *Janinet* et *Prudhon*. 6 portraits en couleur.

474 **Conti** (Claire-Clémence de Maillé-Brézé, princesse de), in-4 octogone, par *Moncornet*. Superbe.

475 **Conti** (Marie-Anne légitimée de France, princesse de), épouse de Louis-Armand de Bourbon. — La même, veuve, douairière. 2 portraits in-4, par *Larmessin*. Très-belles ép., rares.

476 **Conti** (Anne-Martinozzi, princesse de), in-4, par *Regnesson*.

477 **Conti** (Fortunée-Marie d'Este, princesse de). Médaillon, par *Saint-Aubin*. Rare.

478 **Courlande** (Anne-Charlotte-Dorothée, duchesse de), in-fol., par *Scheffner*.

479 **Crozat** (Mlle). Pour titre d'un Traité de Géographie, in-8. Très-belle ép., marge.

480 **Cuzance**, princesse de Cantecroix (Béatrix), amie de Charles IV de Lorraine, in-4 par *Daret* et in-8 par *Moncornet*, en contre-partie, elle est dirigée à gauche. 2 p. rares, très-belles, marges.

481 **Czartoriska** (Anne-Sapieha, princesse), lith. in-fol., par *Schultz*, sur chine.

482 **Dashkoff**, princesse directrice de l'Académie impériale des Sciences de Saint-Pétersbourg.

Carlinem 5   Michel 7.

Pierre 10

Filigenum 11

Michel 3.

Libum de 2,5

Barons : 6   Martin 5

Martin 3
Martin 3

Hurb. 5

Morea 25   Varlo 4

Ch. u H. 1.50

483 **Desbrosses** (Madame), de la Comédie ita-
lienne. Médaillon rond en couleur.

484 — La même, profil au physionotrace *Quenedey*.

485 — La même, par *Le Beau*, dans un entourage
orné.

486 **Deshoulières** (Madame), in-8. Très-belle ép.,
par *Savart*.

487 — par *Ceroni*, d'ap. Petitot, avant toute lettre.

488 — par Ingouf. — Par *Saint-Aubin*. 2 p. in-8.
Très-belles ép.

489 **Deslions** (Anna), in-4. Eau-forte artistique,
par *J. G.* Très-rare ép. sur papier de Chine
volant.

490 **Desrues** (Marie-Louise-Nicolaïs, femme), des-
siné d'ap. nature, in-8. Très-rare. — Son supplice, 1779. Très-rare. 2 p.

491 **Deveria** (Mme), mère des artistes. — Mlle Motte,
femme A. Deveria, en pied. 2 p. lithog., par
Deveria.

492 **Diane de Poitiers**. La Grande Sénéchale,
par *Riffaut*. — Allégorie d'ap. Primatice. —
En Ariadne, d'ap. un marbre. — La Fontaine
de Jean Goujon, bas-relief. — Plat de Palissy. —
Portique du Château d'Anet et ustensiles. 11 p.
noir et couleur.

493 **Dino** (duchesse de), lithog. in-fol., par *Belliard*.
Très-rare.

494 **Doche** (Miss Plumkett, Mme), dans l'extase,
in-fol., sur chine.

495 **Duboccage** (Mme), par *Mariage*. — Par *Tardieu*.
2 p. in-8.

496 **Du Châtelet** (Mme), in-8, par *Langlois*. Très-
belle ép., marge.

497 **Du Chesnois**, in-fol., par *Grevedon*, rôle de
Jeanne d'Arc. Superbe ép. — Autre très-petit,
en manière noire. 2 p.

498 **Dugazon** (Mme), ovale grand in-8, par *Monsaldi*,
d'ap. Isabey, en couleur imitant l'aquarelle.
Superbe ép., marge.

499 — In-fol., imitation de traits de plume, de
Bernard, 1788, colorié.

500 — Profil in-4. — Costumes dans Babet, Azé-
mia, Sophie, par *Janinet*, en couleur. 4 p.

501 **Duménil** (Mlle), rôle d'Athalie. — Jocaste. 2 p.
par *Janinet*, en couleur.

502 **Élisabeth** Farnèse, femme de Philippe V, avec
tous ses enfants, petit in-fol., par *Tanjé*. Superbe
ép.

503 **Este** (Marie-Éléonore), reine d'Angleterre, in-8,
par *Desrochers*, et petit in-fol. par *J. Audran*.
2 p. très-belles.

504 **Este** (Isabelle d'), femme de Fr. de Gonzague,
in-fol., d'ap. *Titien*. Coiffure et costume riche.

505 — Le même, différent, avec costume, très-
riche et curieux in-fol., avant toute lettre. Rare.

506 **Eugénie**, impératrice des Français, en pied, à
genoux et buste. 3 portraits, par *Pauquet*. Superbes ép. sur chine.

507 — Héliographie de Niepce de Saint-Victor, et
Riffaut.

508 — en pied, Photographie de *Spingler*, à Passy.

Huyghen 1

Martinu 5

Vien 5

Martinu 4.   Vien 10

Kittgen 11   Hervey 3.
             Dorotin

Michel 5

Michel 3. 50

Michel 5

Michel 4

Michel 11

Michel 4

Michel 9   Chr. H. 8

Vien 6   Michel 6

Vien 8   Michel 7

           Michel 5

Vien 6   Michel 4

Vien 5   Michel 2

509 — Petit Buste, par *Pollet*, ép. de souscription, avec le cachet du ministère. Sur chine, marge, in-fol.

510 — A mi-corps, par *Pollet*, d'ap. Vidal, in-fol. avant la lettre, sur chine.

511 — Gravée par *Weber*, d'après Winterhalter. Superbe ép. sur chtne.

512 — en pied, grand in-fol. Lithog. par *Léon Noel*, 1854, sur chine.

513 — à mi-corps, d'ap. Dubuffe, 1856. Manière noire, par *Simmon*, grand in-fol.

514 — en chapeau, par *Jouanin*, d'ap. Winterhalter, 1859. Grand in-fol. en ovale.

515 — gravé par *Danguin*, 1862, d'ap. de Pommeyrac, petit in-fol. Magnifique ép. avant la lettre, chine.

516 — grand in-fol. Lithog. par *Lafosse*, 1863, sur chine.

517 **Favart** (Madame), in-fol. par *Beaumont*, d'ap. Allais, rôle de Pèlerine. Sup. ép. marge.

518 — rôle de Ninette, par *Demarteau*, d'ap. Boucher, in-4, sanguine.

519 — in-8, par *Chenu*, d'ap. Garand, entouré de roses.

520 — in-4, de profil, par *Flipart*, d'ap. Cochin. Sup. ép.

521 — rôle de Roxelane, en couleur, par *Janinet*.

522 **Fitz-Gerald** (Mrs.), de Naseby, dans le Northampton. Charmant portrait in-4, sur chine, marge.

523 Florence. Lafitte, baronne d'Erlanger (queen of Beauté). Lithog. grand in-fol., en pied.

524 Florensac (Marquise de), assise et debout. 2 p. *Wolff ex.*

525 Fontanges (Mlle de), in-4, par *Larmessin*. Très-belle ép.

526 Foresta (M.-J.-Constance de Chalvet-Souville, Marquise de), Sous-Gouvernante des enfants de France. Lithog. par *Lebec*, petit in-fol., chine, rare.

527 Galles (Caroline, princesse de), par *Bonato, Schiavonetti*. 2 p. in-4, en couleur.

528 Galigaï (Léonore), Maréchale d'Ancre, par *François*, in-8, et autre in-4, en Italie. 2 p.

529 Ganges (Marquise de). Scène de sa mort, in-8, par *de Longueil*, d'ap. Marillier. Sup. ép.

530 Genlis (Madame de), in-4. Lithog. par sa fille. In-8, coiffée d'un chapeau, par *Copia*. — par *Porreau*, sur chine. 3 p.

531 Georges Weimer, in-fol. lithog. par *Maurin*, d'ap. Gérard. Sup. ép. sur chine.

532 Girardin (Mme Emile de), in-fol. par *Blanchard*, d'ap. Chasseriau. Sup. ép. sur chine.

533 Gondy. Antoinette d'Orléans, — Catherine, — Françoise-Marguerite, — Jeanne de Scepeaux, — Marie-Catherine de Pierre-Vive, — Paule de Gondy. 6 portraits in-4, par *Duflos*. Superbe ép., marge.

534 Gonthier (Mme), in-4 par *Ruotte*, et dans un rôle par *Janinet*. 2 p.

Köchel 16,

Zemmour   Dervan 3
Garcin 3

Martineau L. Vien G. Hurb 5

Bhone 3.

Grospier 1 25

Grospier 1.25

Grospier 1 25

Guérin 1 50

Demout   Veydrn 3 50

Mitzger 9

Herb. 5   Grosjean 4.75   Dam 10   Varlo 5   Chastl. 10   Leon Lefort 20

535 **Goupil** (Mlle), femme du peintre Gerome, enfant en Chinoise, d'ap. Papety, par *Desmaisons*. Sup. ép. sur chine. Très-rare.

536 **Grafigny** (Françoise d'Happoncourt, née comtesse d'Issemburg, dame de), in-8, par *Cathelin*. Sup. ép., marge.

537 — La même avec les armes, le titre changé. Superbe ép.

538 — La même in-4, par *Leveque*. Superbe ép., marge.

539 **Grassini**, grand in-fol. à mi-corps, par *Reynolds*, d'ap. Mme Le Brun, en couleur.

540 **Grignan** (Mme de), in-8. 2 portraits différents.

541 **Hannetaire** (Mlle d') pinçant de la harpe, in-4 avec armoiries au bas, avant toute lettre. Très-rare.

542 **Harlay** (Catherine de), in-fol. Superbe ép.

543 **Henriette** d'Angleterre, duchesse d'Orléans, in-8 par *Mellan*, in-4 octogone par *Moncornet*. 2 p. très-belles.

544 **Hautefort** (Marie d'), duchesse de Schomberg, in-8 par *Desrochers*. Très-rare.

545 **Humières** (Mme la duchesse d'), en pied. J. *Wolff* ex.

546 **Jeanne d'Arc**, in-4, par *Sergent*, et scène historique en couleur; Statue de la princesse Marie, Statue équestre, Tapisserie, fac-simile d'Ecriture, Maison à Domrémy, Monuments en son honneur à Orléans, à Rouen; Statues tombales de Talbot, Richard de Beauchamp, Henri VI. 24 p.

547 **Jeanne Gray**, in-4. par *Cooper*. Superbe ép.
grande marge.

548 **Joconde**, in-4, par *Michel*, d'ap. Léonard de
Vinci.

549 **Joséphine**, impératrice, en pied, d'ap. Gérard,
par *Adam* et par *Pauquet*. Superbe ép. sur chine.
2 p.

550 **Lafayette** (Très-vertueuse et très-noble de-
moiselle Louise-Angélique de). fille de la reine,
à présent religieuse à Sainte-Marie, in-8, par
Moncornet. Magnifique ép. avec marge. Très-
rare.

551 **Lamballe** (Princesse de), grand in-fol. en manière noire, par *Malgo*, d'ap. Hickel, 1789, en
pied, écrivant. Sup. ép. d'un portrait recherché
et rare.

552 — en pied, par *Pigeot* et lithog. par *Janet Lange*,
en couleur. 2 p. petit in-fol.

553 **Lastic** de Saisseval, dame du palais de Madame Elisabeth, in-4, par *Butavand*. Superbe ép.
sur chine. Très-rare.

554 **Latrémoille** (Charlotte-Catherine de), in-4,
par *Miger*, marge.

555 **Lavallière** (Duchesse de), in-8, par *Chaulet*,
en Madeleine, et autre in-4. 3 p.

556 **Le Barbier Valbonne** (Mlle), d'ap. *Gérard* et
par *Godefroy*. 2 p. grand in-4.

557 **Le Brun** (Mme), par *Nargeot*, avant la lettre, et
Angelica Kauffman, par *Audouin*. 2 p. in-4.

558 **Longueville** (Duchesse de), par *Fillœul*, Moncornet. 2 p. in-8. Superbes ép., marge.

Martineau 3.

Veyet 2

Gross— 3.25   Hervey 3
              Derrochun

              Derv— 4

              Michul 4

Morin 20   Hervey 10   Mëtzgen 13

              Gabriel 10

              Gabriel 6

              Varlo 2 50

              Derv— 4

              Mëtzgen 11

              Mëtzgen 11

559 **Lorraine** (Elisabeth-Ch. de Bourbon, duchesse
de`, par *Desrochers*. — Mme Nicole de Lorraine,
duchesse, par *Moncornet*, 2 p. in-8. Superbes ép.,
marge.

560 **Lude** (Marg.-L. de Béthune, duchesse de), in-4,
par *Larmessin*. — Mme de Ludre en stenkerke et
falbala. 2 p.

561 **Maillard** (Mlle). 2 costumes par *Janinet*, en
couleur.

562 **Maine** (L.-B. de Bourbon, duchesse du), in-8,
par *Desrochers*. Superbe ép., marge, d'un des
plus rares portraits de ce graveur.

563 **Maintenon** (Mme de), par *Lépicié*, *Saint-Aubin*,
et en pied, par *Leroux*. 3 p.

564 **Manchini** (Ortance), duchesse de Mazarin, in-
fol. par *Valck*, d'ap. Lely. Sup. ép. rare.

565 — La même par *Fessard*. — Marie-Anne con-
nétable Colonne. 2 différents. 3 p. in-8.

566 **Marguerite** de France, 1re femme d'Henri IV,
in-8. Superbe ép. avant toute lettre, d'après
Riffaut.

567 — La même, in-fol. en couleur, fac-simile par
Riffaut.

568 **Marie**, reine de France, 3e femme de Louis XII,
in-8, par *Hollar*, d'ap. Holbein.

569 **Marie**-Anne-Victoire, infante d'Espagne, in-8.
Fut fiancée à Louis XV. Sup. ép., marge, d'un
joli portrait extrêmement rare.

570 **Marie**-Christine-Victoire de Bavière, dauphine,
par *Desrochers*. Superbe ép. et autre, 2 p. in-8.

571 **Marie**-Louise, imp. reine de Hongrie, etc., ovale in-4 en bistre, par *Durmer*.

572 **Marie-Louise**. imp. de France, par *Rahl*. — *Ruotte*. 2 portraits in-fol., marge.

573 **Marie Stuart**, in-4, par *Pannier*, d'ap. le tableau de la collection du prince Labanoff. Sup. ép. sur chine.

574 — Son Supplice à Fotheringay, gravé en 1588. — Autre par *B. Picart*, 1729. 2 p. grand in-8.

575 **Mathilde** (Princesse). L. Jérôme de Montfort en pied, par *Maurin*, 1836. Grand in-fol. sur chine, rare.

576 **Marcotte** (Mme), in-fol. d'ap. *Ingres*, par *Léon Noel*. Superbe ép. sur chine, rare.

577 **Maria** de l'Académie R^e de Musique, Baronne d'Henneville, charmant portrait lithog. par *H. Masson*, 1843. Superbe ép. sur chine.

578 **Marie-Antoinette** tenant son fils entouré de fleurs et d'emblèmes (Le Cœur de la nation), in-4, chez *Isabey*. Superbe ép., marge.

579 — Profil en buste avec grande coiffure poudrée et plumes. Petit in-fol. en couleur.

580 — Photog. par *Jouan*, d'ap. Mme *Lebrun*. Petit in-fol.

581 — La Reine à la Conciergerie, in-4, par *Prieur*, d'ap. le tableau tiré du cabinet de l'abbé Carron.

582 — par *Bertonnier*, *Bertrand*, in-8, et en pied par *Geille* et *Nargeot*, in-4. 4 p.

583 **Mars** (Mlle), petit in-fol. par *Lignon*, d'ap. Gerard.

584 — in-4, par *Lecomte*, in-8, par *Legrand*. 2 p.

Ditih 10 Sermones

Rheon 5

Meley 10.

Meley 10

Meley 15

Honabing 3   S.'Germs 5   Hervey 10   Veyon. 2 50

Hurb 3.50   Gabriel 6   Lelien 4 50

585 **Mayer** (Mlle), en pied. (La Toilette.) Lithog. par *Maurin*, d'ap. Prudhon. In-fol. sur chine.

586 **Médicis** (Anne-Marie-Louise de), comtesse palatine, in-fol. par *Preisler*.

587 **Médicis** (Catherine de), reine de France, jeune et en veuve. 2 p. in-fol. en couleur par *Riffaut*.

588 **Mennetoud** (Mlle de) à sa toilette, en pied, chez *J. Mariette*. Superbe ép. de la plus belle condition.

589 **Mercy-Argenteau** (Comte et Comtesse de). 2 portraits in-fol. par *Léon Noel*, d'ap. Perignon. Sur chine, rares.

590 **Mogador** (Céleste). — Frisette. — Rigollette. 3 célèbres danseuses. Lithog. par *Alophe*.

591 **Montespan** (Marquise de). F.-A. de Rochechouart. in-8, par *Aubert*. — In-4, par *Larmessin*. 2 p.

592 **Montesquieu** (Baronne de). Lithog. in-fol. par *C. Carbonnier*. 1834. Superbe ép. sur chine, très-rare.

593 **Moselmann** (Mme). Ma femme, mon cheval et mes chiens. Manière noire, grand in-fol. par *Martinet*, d'ap. Alfred de Dreux.

594 **Motteville** (Françoise Bertault, dame de), grand in-8, par *Taraval*. Superbe ép. rare.

595 **Neubourg** (Marie-Anne de), reine d'Espagne, en pied, par *Schenck*.

596 **Ninon de l'Enclos**, d'ap. l'original qu'elle a donné à la comtesse de Sandwich, par *Worlidje*. — par *Droyer*. — *Tavernier*. 3 portraits in-8.

597 **Olivier** (Mlle). Comédie Française, in-8, par *Lebeau*, d'ap. *Desrais*. — Costume par *Janinet*, en couleur. 2 p.

598 **O'Neill** (Miss). 2 portraits in-4, en couleur.

599 **Orange** (Anne et Caroline, princesses d'). 2 p. in-fol. par *Houbraken*.

600 **Orléans** (Mme Adélaïde d'). — Louise-Marie, reine des Belges. — Visite de la reine Victoria à la Duchesse d'Orléans. 1843. In-fol. 3 portraits en pied sur chine, tirés du Château d'Eu.

601 **Orléans** (Marie-Amélie, duchesse d'), par *Laugier*, d'ap. Gérard. — Reine à Claremont, par *Thomson*, d'ap. Dubuffe. 2 p. in-fol. Superbes.

602 **Orléans** (Princesse Clémentine d', duchesse de Saxe-Cobourg, en pied, grand in-fol. par *Grevedon*, d'ap. Winterhalter. Sur chine, avant la lettre.

603 **Orléans** (Duchesse d') et son fils, par *Lefèvre*, d'ap. Winterhalter. Superbe ép. d'artiste sur chine, les noms d'artistes à la pointe. In-fol., marge.

604 — Victoire de Saxe-Cobourg, duchesse de Nemours, in-fol. en buste, *Vogt*. — La même avant la lettre, en pied, grand in-fol. par *Grevedon*. 2 portraits d'ap. Winterhalter.

605 — Princesse de Bourbon, Deux-Siciles, duchesse d'Aumale, en pied, grand in-fol. sur chine avant la lettre, par *Léon Noel*; d'ap. Winterhalter.

606 — Januaria de Bragance-Brésil, princesse de Joinville, grand in-fol. en pied, avant la lettre, sur chine, par *Grevedon*, d'ap. Winterhalter.

Barone C.

Gabriel 20

Hedan 6   Dittrich 4

                   Rhom 1

Hunke 5   Gabriel 8

Schone 3   Michel 15

607 — Maria-Luisa Fernanda, infante d'Espagne, duchesse de Montpensier en buste, in-fol. d'ap. *Lopes*. — Grand in-fol. en pied, *Léon Noel*, d'ap. Winterhalter, sur chine. 2 p.

608 — A.-M.-L., duchesse de Montpensier. — L.-M.-A. de Bourbon. — L.-M.-Th. Bathilde. — Princesse Clémentine. 4 p. in-8.

609 **Pallerini** (Antonietta), in-4 en couleur, par *Conte*.

610 **Pasta** (Mme), in-fol. par *H. Dupont*. — Lithog. par *Belliard*, d'ap. Dubuffe. 2 p.

611 **Périé-Candeille** (Mme), in-8 et in-fol., par *Brunet*. 2 lithog. rares.

612 **Pompadour** (Mme la Marquise de), profil par *Littret*, en pied par *Massard* et autres. 4 p.

613 **Pope** (Mrs). In-8 en couleur, par *Ridley*. Superbe.

614 **Prony** (Mme de). D'ap. *Girodet*, 1810. Lithographie in-fol., avant la lettre sur chine, rare.

615 **Provence** (M.-J.-L. de Savoie, comtesse de). Grand in-8, par *Le Beau*.

616 **Ratazzi** (Mme la baronne). M. Bonaparte-Wyse de Solms, pet. in-fol. lithog. par *Voncken*, d'ap. la princesse Marie de Solms.

617 **Raucourt** (Mlle) dans différents rôles. 4 p. en couleur par *Janinet*.

618 **Recke**, née de Medem (Ch. Elis. Constance de). In-8, par *Henne*.

619 **Rothschild** (Mme la baronne Alphonse de). Manière noire; in-fol. par *Belin*, d'ap. *Sant*. Superbe ép., très-rare.

620 **Rousseau** (La femme de J.-J.) en pied, par *Naudet*; in-4. Superbe ép. toute marge.

621 **Sablière** (Mme de la). In-8, par *Tony Johannot*.

622 **Saint-Huberty** (Mme). Académie royale de musique, buste de profil; in-8, par *Janinet*, en couleur.

623 — Costumes, différents rôles, par *Janinet*. 3 p. en couleur.

624 **Saint-Val** (Mlle). Deux costumes en couleur, par *Janinet*.

625 **Sand** (Georges). In-4, par *Desmadril*, d'ap. *Charpentier*.

626 **Savoye** (Marie-Caroline-Ant. de), duchesse de Saxe; in-4, par *J.-F. Schmidt*. Superbe ép.. marge.

627 **Schmidt** (Dorothée L. Viedebandt, femme du graveur). In-4.

628 **Sévigné** (Mme de). In-8, par *Chereau*. Très-belle ép.

629 — La même, par *G.-F. Schmidt*. in-8. Très-belle, marge.

630 **Talbot** (Gwandaline), princesse Marco Borghesi. In-4, par *Salmon* d'ap. Canevari, avant la lettre, chine. Superbe ép., très-rare.

631 **Tencin** (Mme de). In-8, par *Cazenave, Dequevauviller*. 2 p.

632 **Thum** (Comtesse de). 2 p. ovales; in-4, par *Pfeiffer*.

633 **Titien** et sa maîtresse. In-4, par *Pauli*.

634 **Tonelli** (Mlle). In-4, par *Lempereur*. Superbe ép. avec la musique au bas, très-rare.

Hartman 3,   Martin 12   Rhone 3 .

Ditch 3.
Ditch 5

Hub. 2.

Jun 6

Gabriel 6

Hurb 1. 50

.

Dielhf 12

Michel 4

Martine 5

635 **Tourzel** (Comtesse de). Dessin mine de plomb, d'ap. le grand portrait, très-rare.

636 **Vence** de Saint-Vincent (Mme), petite-fille de Mme de Sévigné. In-4, par *Romanet* et grand in-8. 2 p. superbes.

637 **Vestris** (Mme). Trois rôles par *Janinet*, en couleur.

638 **Victoria**, reine d'Angleterre. In-fol. Superbe ép. avant la lettre, sur chine.

639 **Wurtemberg** (Marie Fœderowna, princesse de). 2 p. différents, grand in-8.

640 **Actrices** anglaises en pied et en couleur. 12 p.

641 — Françaises, en buste et en pied. 12 p.

642 — Françaises, en costumes, par *Janinet*. 8 p. en couleur.

643 **Femmes célèbres**. In-fol. lithog. 12 p.

644 — Tirées des galeries de Versailles. 20 p.

645 — Tirées de la suite d'Odieuvre. 8 p.

646 — Gravées et lithog., divers formats. 30 p.

PORTRAITS D'HOMMES CÉLÈBRES

PAR ORDRE ALPHABÉTIQUE DE NOMS

647 **Aguesseau** (H. F. d'), chancelier. In-8, *Dupuis*, in-4, *Maleuvre*, *Vangelisty* et *Sergent*, en couleur avec scène historique. 5 p.

648 **Baron** (J.-B.), amateur, graveur à l'eau-forte. à Lyon; par *Chabanne*. Superbe ép., rare.

649 **Bart** (Jean). En pied, pirate de Louis le Grand. *Tardieu* et *Sergent*, en couleur, avec scène historique. 4 p.

650 **Bayard**. In-4, *Voyez* major, *Sergent* en couleur et scène historique. — Barbazan, par *Sergent* et scène. Ces deux chevaliers sont surnommés sans reproches. 5 p.

651 **Belle-Isle**. In-4, *Melini*, d'ap. de La Tour, *Sergent*, en couleur et scène. — Belidor, par *Maleuvre*. 4 p.

652 **Berwick**, duc de Fitz-James. In-4, *Vangelisty*, *Sergent* en couleur et scène historique. 3 p.

653 **Biron** (Armand de Gontault). In-4, *Voyez* J. *Sergent*, en couleur et scène. 3 p.

654 **Bourgogne**. Charles-le-Hardi. — Philippe-le-Bon. 2 p. petit in-4. Superbe ép.

655 **Calas** (Les Adieux). In-4, par *Lips*.

656 **Cars** (Laurent), graveur. In-4, par *Miger*, marge.

657 **Catinat**. In-8, *Will*; in-4. *Vangelisty*, *Sergent*. en couleur et scène. 4 p.

658 **Charles VII**. — Agnès Sorel. 2 chromolithog., d'ap. des tableaux anciens.

659 **Chevert** (F. de). In-4, *Poletnich*; *Sergent*, en couleur et scène. 3 p.

660 **Chodowiecki**, célèbre dessinateur et graveur. In-4, *Arnold*.

661 **Choffard** (P.-P.), par lui-même. Très-petit et charmant médaillon entouré de fleurs et de nuages. Superbe ép., rare.

[illegible] 2

[illegible] 5

[illegible] 6

[illegible]

Hedan 2

Veyron 3

Marais le Chassu 3 50

Veyron 3

662 **Colbert** (J.-B.). In-8, par *Dupin* et *Pinssio;* in-4, *Tardieu, Sergent,* en couleur et scène. 5 p.

663 **Coligny**. In-8, *Desrochers;* in-4, *Vangelisty, Sergent,* en couleur et scène. 4 p.

664 **Condé** le Grand. In-4, *Voyez* maj., *Sergent,* en couleur et scène. 3 p.

665 **Cossé-Brissac**. In-4. *Romanet, Sergent,* en couleur et scène. 3 p.

666 **Cosway**, peintre. D'ap. lui-même, par *Bova* sous la direction de Bartolozzi. — Dicky Causway in plain English, sa charge. 2 p. in-4 en couleur. rares.

667 **Créquy** (Charles et François de). In-4, *Sergent,* en couleur et scènes. — Crillon. In-8. *Balechou;* in-4. *Voyez* maj. 6 p.

668 **Duguay-Trouin**. In-8, *Petit;* in-4, *Vangelisty, Sergent,* en couleur et scène. 4 p.

669 **Duguesclin**. In-4, *Thomas, Sergent,* en couleur et scène. — Dunois. In-8, *Gaillard;* in-4, *Sergent* et scène. 6 p.

670 **Duquesne**. In-4, *Voyez* maj., *Sergent,* en couleur et scène. 3 p.

671 **Dyck** (Van). Petit in-fol., par *Blot, Vander Bruggen.* 2 p. très-belles.

672 **Fabert**. In-4, *Voyez* Maj., *Sergent,* en couleur et scène. — Gaston de Foix, par *Sergent* et scène, 5 p.

673 **Fénelon**. In-8, *Delvaux, Dupin;* in-4, *Sergent,* en couleur et scène. 4 p.

674 **Fleury**, cardinal. In-8, *Boilly, Pedretti* et *Roy,* in-8 et in-4. 4 p.

675 **Forbin**, chef d'escadre. Grand in-8, *Hubert;* in-4, *Sergent*, en couleur et scène. 4 p.

676 **Fréron**, père. Grand in-8, *Hubert*, d'ap. Cochin. — Le fils, in-8, par *Bonneville*. 2 p. Rare.

677 **Gondi** (Famille de). In-4, par *Duflos*, depuis Antoine, jusqu'au cardinal de Retz. Tombeaux, armoiries, tumulus, etc. 23 p. très-belles ép., marge.

678 **Hôpital**, chancelier. In-4, *Vangelisty, Sergent*, en couleur et scène. 3 p.

679 **Labourdonnaie**. In-4, *Vangelisty, Ridé*, en couleur et scène. 3 p.

680 **Lorraine** (F. de Guise). In-4, et *Sergent*, en couleur et scène. — Henri d'Harcourt. *Sergent* et scène. 5 p.

681 **Henri IV**. In-8, *Dupuis:* in-4, *Hubert*, en pied, *Moitte*. — Louis XIII. In-8, *Dupuis;* in-4, *De Lorraine*. 5 p.

682 **Louis XIV**. In-8, par *Edelinck*. Belle ép.

683 — In-8 et in-4, *Henriquez* et autres. 4 p. — Le grand Dauphin. In-8, par *Gaillard*. 3 p.

684 **Louis XV**, à différents âges. 5 différents in-8 et in-4.

685 **Mazarin**. In-8, *Mellan;* in-4, *Beisson, Sergent*. en couleur et scène. 4 p.

686 **Molé** (Mathieu). In-4, *Mellan, Thomas, Sergent* en couleur et scène. 4 p.

687 **Montmorency** (Anne de). In-4, *Vangelisty, Sergent* et scène. — Henri II. *Tardieu, Sergent* et scène. 6 p. in-4.

reliure 6.

Grospe 6.75

Serv — 5

Martin 12   Veyde 2.50

Rhône 5

Derme 4

Veyde 2

Gabriel 5

Veyde 2

Veyde 2

688 **Montmorency** (F.-H.). In-8, *Tardieu;* in-4, *Vangelisty, Sergent* et scène. — Mathieu II, dit le Grand. *Sergent*, en couleur et scène. 6 p.

689 **Mozart** (Famille). Lithog. in-fol. en travers, par *Lacroix*, à Munich. Très-belle ép., toute marge.

690 **Napoléon**, premier consul, par *Turner*, in-fol.; lettre grise. Sup. ép., marge.

691 — Entouré de figures allégoriques, par *Louvion*. In-fol.

692 — Empereur, par *Levacher, Roger, Tardieu*. 3 portr. in-4.

693 — Par *Geille*, en pied, sur chine; *Maile*, d'ap. *Girodet, Ruotte*. 3 p. in-fol.

694 **Orléans** (Gaston). In-8, *Gaillard* et autres. 2 p. — Louis. In-8, par *Daullé*. — Le Régent. In-8, *Petit;* in-4, *Voyez* junior et major. 2 p. — Le chevalier d'Orléans. — A. L. P. duc de Montpensier. 7 p.

695 **Richelieu**. In-8, *Sornique;* in-4, *Tardieu, Sergent*, en couleur et scène. 4 p.

696 **Rubens**. Petit in-fol., par *Claessens*.

697 **Saint Ignace** de Loyola, fondateur de la société de Jésus. Charmant petit portrait par *Kilian*.

698 **Saxe** (Maurice de). In 8, *Sornique;* in-4, *Vangelisty, Sergent*, en couleur et scène. 4 p.

699 **Sully**. In-4, *Vangelisty, Sergent* et scène en couleur. 3 p.

700 **Tourville**. In-4, *Hubert, Sergent* et scène. 3 p.

701 **Turenne**. In-8, *Dupin, Le Beau;* in-4, *Sergent,* et scène. 4 p.

702 **Vauban**. In-8, *Dupuis;* in-4, *Voyez* maj., *Sergent* et scène. 4 p.

703 **Vendôme** (L.-J. de). In-8, *Dupin;* in-4, *Voyez, Sergent* et scène. 4 p.

704 **Victor**-Amédée III, roi de Sardaigne. Charmant petit portrait exécuté avec une grande finesse.

705 **Villars** (L.-Hector, duc de). In-8. *Schmidt;* in-4. *Vangelisty, Sergent* en couleur et scène. — Villars Brancas. 5 p.

706 **Voltaire**. In-8, *Hopwood*. Déjeuner de Ferney. la Chambre du cœur; in-fol. — J.-J. Rousseau. 3 différents. 6 p.

ENOU et MAULDE, imprimeurs de la Compagnie des Commissaires-Priseurs
rue de Rivoli, 144. 18656